加藤諦三——著

# 焦慮斷捨離

不安をしずめる心理学

唯有面對焦慮
才能得到幸福

# 前言

# 不幸是自己選擇的

如何紓解焦慮，堪稱人類最大的課題。

丹麥的哲學家齊克果（Kierkegaard）說過，「**焦慮乃自由的可能性**」、「**懂得正確擁抱焦慮的人，已經學到最高深的知識。**」

——《自我焦慮的構造》，石田春夫著，講談社，156頁

當今受新冠疫情影響下，尤其容易陷入焦慮。然而這並不意味著，焦慮就是目前的問題所在。

焦慮本來就是人生最大的課題。無論是誰，都會感到焦慮。

「焦慮會限制成長與認知，限縮情感生活的範疇。而且情緒健康（emotional health）等同於自我認知的程度。因此釐清焦慮，進而拓展認知，壯大自我，才是實現情緒健康之道。」

——《焦慮的人類學》，羅洛．梅著，小野泰博譯，誠信書房，119頁

沒有正確理解這點，就是現代人無法得到幸福的根本原因。

人類處在期盼獨立自主與依賴心的矛盾之中。這也是處於意識與無意識的心理衝突，充滿焦慮的狀態。

即便當事人試圖選擇得到幸福，其實卻是選擇了不幸。

# 等再久還是無法解決困難

話說回來，如果用錯方法紓解焦慮，結果會如何呢？

為了讓大家容易聯想，現以新冠病毒傳染的問題為例，請大家針對這個議題思考看看。

現代人的危機，並非來自新冠疫情，而是我們已經喪失了與新冠疫情奮戰的意志力與能力。

奧地利的精神科醫師貝蘭・沃爾夫（Beran Wolfe）曾提出「焦慮性精神官能症」的概念。焦慮性精神官能症患者總是充滿期待，相信「一直等待障礙即會消失」、「別人會為自己解決困難」。這種期待就是安撫焦慮的麻杖，簡單來說就是設法麻醉自己。

「受到壓抑的敵意，將剝奪一個人認清現實危險與起身奮鬥的能力。」

——《焦慮的人類學》112頁

我在研究所的研討會上，學到了黑格爾（Hegel）的歷史哲學。至今仍讓我記憶猶新的一句話，就是黑格爾曾主張，**「難以解決的歷史課題，就是兩件正確的事之間的矛盾衝突」**。

至今我仍認為「這句話說的完全沒錯，他真是位透澈觀察人類歷史的人物」，讓我心服口服的記憶令人難忘。

如果是「正確的事」與「不正確的事」產生衝突時，很容易解決。這時候只要選擇「正確的事」就行了。

然而真正難以做出判斷的，其實是「正確的事」與「正確的事」之間的矛盾衝突。根本不需要研讀黑格爾的歷史哲學，歷史上難解的課題，經常都是「正確的事」與「正確的事」之間的矛盾對立。

如為觀點有限的議題，國中生也知道正確的事為何，完全不需要成熟的大人加以議論。

但是關於新冠疫情的問題，每次聽聞總理大臣的發言以及國會上的爭論之後，完全無法想像那是國會議事。甚至讓人以為是酒吧中的牢騷，只是在將累積已久的負面情緒一吐而盡。

在新冠病毒的防疫問題上，大家討論的觀點本身就有問題。

## 簡易的解決方法將導致混亂

因為要同時解決新冠疫情與帶動經濟復甦的政策，本身就是謬誤百出。

一國領導若有認真學習黑格爾這類的哲學，這次的新冠疫情或許在第一波就能阻擋下來。

遺憾的是，對於同時解決新冠疫情與帶動經濟復甦的敷衍看法，多數人卻都表示贊同。

在那當下雖然讓人鬆了一口氣，但是這種簡易的解決方法，在長時間的結構下，將帶來最糟糕的結果。倘若不去理解「焦慮」的本質，只尋求簡易的解決方式，問題只會愈來愈惡化。

或許大家在這場世界災難當中，期待著日本經濟有所成長。但是這種魔杖在人類的歷史上，從來就不存在。扭曲事實做出投己所好的解釋，是一種膚淺的樂觀主義，又自戀的表現。

如今日本正陷入一種最可怕的自戀症狀，就是將現實解釋成自己想要的方式。換句話說，就是否認事實。

日本一直沒有智慧也沒有勇氣去面對嚴重的國難，以自戀的幼稚心理逃避一切。

事實上，當初大家對於新冠疫情的議題，曾自相矛盾地熱烈討論這是「雷曼兄弟金融風暴以來的危機」。面對「雷曼兄弟金融風暴」時，解決兩件「正確的事」所形成的矛盾對立並不困難，只須面對經濟復甦的問題即可。

## 減少接觸造成的重大影響

在這種歷史上罕見的災難時代，對於只會提出簡易解決方法的一國領導而言，並無哲學可言。

眼前的議題還存在另一個謬誤，就是用來解決新冠問題的時間規畫太短，只考量到一個月後、半年後或是一年後的事情。

假如兼顧防疫對策與經濟復甦的解決方法繼續執行下去，數十年後恐怕會引發更可怕的事情。

尚未有人察覺到，生活中減少與人接觸的影響將會有多麼嚴重。當現在的幼稚園兒童及小學生變成四十歲、五十歲，成為國家支柱之後，相信日本將迎來無法收拾的慘狀。

若用一句話來形容這種慘狀，就是社會賴以成立的根基，也就是社會的「共識」將面臨瓦解。想必會出現想法幼稚，例如質疑「為什麼不能殺人？」的成年人。

早在新冠疫情爆發之前，社會得以成立的根基，也就是社會的「共識」早已喪失，因此充滿戲劇性的犯罪行為才會一直增加。

所以類似「無法原諒別人批評自己」的衝動殺人事件，不斷地發生。少年們犯下大罪，還大言不慚地反駁「大家不也是殺了牛豬來吃」。日本為了解決新冠疫情，建議大眾自律，避免接觸人群，卻一直無視這種孩子內心崩壞的問題。

## 每個人都有「輕度焦慮性精神官能症」

美國的心理學家西伯里（Seabury）曾留下名言「接納不幸」，他還說，「如此一來，你就會知道該做什麼」。

詳情容後說明，不過只想消極解決焦慮的人們，總是無法接受現實。於是才會白費精力。

現代的危機，並非新冠疫情這起事件。

誠如前文所述，是我們對於新冠疫情引發的「共識」瓦解這類相關問題，已經喪失奮戰的意志力與能力了。

這也代表著，「我們放棄了得到幸福的能力」

前文已經提過，貝蘭．沃爾夫曾提出焦慮性精神官能症的說法。

「一直等待障礙即會消失」、「別人會為自己解決困難」的想法，就是在憑空「尋找魔杖」，簡單來說類似在「設法麻醉自己」。

我認為，現在每個人應該都患有輕度焦慮性精神官能症。

所以即便數度發布緊急事態宣言，對年輕人來說並沒有危機感。因為每個人都在期待別人來為自己解決問題。

因為他們隨著自戀的欲望而扭曲現實，做出投己所好的解釋，通過內心的期盼看待現實。

常聽到「心情緩和下來了」這種說法，但是，我們必須將這句話視為即將崩壞的警鐘。

會美化現實滿足個人自戀情結的人，當然不只有年輕人。就在感染人數遞減的當下，「GoTo」一系列的振興措施再次受到議論。

內心習慣尋求簡易解決方法的情形，愈演愈烈。避開濃煙燒火取暖實屬天經地義。愈來愈多人長大成人，卻仍像小孩一樣幼稚。

想在解決疫情與經濟復甦之間取得平衡，這種便宜行事的失敗政策下，讓生活變得更加辛苦，無力感不斷蔓延。在經濟比生命更重要的選擇背後，就是因為這種價值觀的存在。

除非我們根據現今日本社會的心理病態有所體認並提出對策，否則無法從根本解決問題。縱使克服了新冠疫情，依舊無法因應下一次的危機。

因此我對現代人的建議是，「深入理解焦慮的心理」。

**「受到壓抑的敵意，將剝奪一個人認清現實危險與起身奮鬥的能力」**，這句話出自前文介紹過的心理學家羅洛·梅。

現在人們認清現實危險，起而與之奮戰的能力已遭剝奪。

美國的心理學家馬斯洛留下了一句名言：「自我實現的人能夠忍受矛盾」。

現在有非常多的人，一輩子都無法自我實現。總是敷衍了事導致事態惡化。實在是文明愈進步，人們愈不幸的典型範例。想要避免這種情形，一定要理解焦慮的心理。

## 消極解決與積極解決

關於「安撫焦慮的方法」此一主題，本書在解說的過程中，一開始會針對所有的焦慮為大家詳細說明。

其次會帶大家思考如何解決這類的心理問題，畢竟對每個人而言，焦慮是避之唯恐不及的情緒，唯獨這種情緒應當能免則免。

關於解決這種情緒的方法，首先會為大家說明「消極解決焦慮的做法」。所謂的「消極解決方式」，簡單來說就是「當你惶恐焦慮不知所措時，不如藉酒消愁」。

只要喝酒就能暫時擺脫焦慮，但很可能會演變成酗酒問題。我並不希望大家用這個方法來擺脫焦慮，不過一開始我會先解釋這個做法。

接下來，我會針對「積極解決」的方法進行說明。這個方法執行起來非常困難，必須正視焦慮的問題，思考應該如何解決。

希望大家能透過本書，一同想想看人類不幸的原因，還有自己希望如何面對人生所賦予的課題，或是如何因應才能得到幸福。

本書是根據二〇二〇年三~四月，於ＮＨＫ文化中心青山教室授課內容編制而成的電子書《無人理解的焦慮安撫法》（二〇二一年九月），改換標題並大幅重新編輯而成。

## 前言



## 第一章 人為何會因焦慮所苦

## 第二章 「現實焦慮」與「精神官能症焦慮」

## 第三章 不幸好過焦慮

## 第五章　焦慮與憤怒的密切關係

## 第七章 想要克服必須「積極解決」

# 結語

# 第一章

# 人為何會因焦慮所苦

## 起因於共同體的崩壞

如今「新冠疫情令人感到焦慮」的問題，與「人類如何生存下去」的重大問題同等重要。

因此，我將透過本書引領大家思考人類所面臨的真正問題。

回顧人類漫長的歷史——早在新冠疫情爆發史久之前——最初人們會因焦慮所苦，其實是起因於共同體崩壞的那一刻。

追溯人類的歷史，就是從共同體演變成功能性團體的歷史。功能性團體的例子，是類似公司的組織。另一方面，所謂的共同體則包含家庭等等。

過去只要隸屬於共同體內，就會讓人覺得「你有你存在的意義，你是有價值的」。一個人的存在，本身便具有其意義。

但是功能性團體與共同體完全不同，隸屬於功能性團體內，若不具備任何價值就毫無意義。

舉例來說，當公司的經理表示「因為我就是我才有其意義」，如果他沒有發揮功能，結果會如何呢？公司可能會倒閉。畢竟這個人無法在團體內盡到應盡的責任，他就不會被需要。人類社會已經從共同體轉變成功能性團體，這種轉變的過程對我們而言，正意味著進入焦慮時代。

再讓我們仔細思考一下，現今這個時代已經轉變成消費社會、競爭社會。事實上這種情形會讓我們的焦慮變得更加強烈。

我們在競爭社會與非競爭社會裡，感受到的焦慮截然不同。

競爭社會，是一決勝負的社會。唯有獲勝才能擺脫焦慮的人，會急著想早一步展現成果。太在意現在做的事情結果如何，隨時都會焦慮不安。

# 趨向精神官能症的社會

另外，消費社會同樣也會讓人陷入強烈焦慮。

消費社會是利用「買了這個東西，就會有這種好事發生」的心理，讓商品能順利銷售出去的社會。比方說擦了這款乳霜就會「年輕十歲」、「肌膚變美麗」，或是「擁有這款手提包看起來就會很高貴」，透過這種方法在推銷商品。

總而言之，消費社會就是「爭相販售可以簡單解決問題的商品」。尋求簡易的解決方法，正意味著整個社會已經陷入精神官能症。

人只要活著，就會面臨許許多多的痛苦與煎熬，面對這些苦難時，一旦有人建議「這麼做就能解決」的時候，多數人都會尋求簡易的解決方法，於是聚集到這種人的身邊。

說穿了消費社會，就是大家拼命地趨向精神官能症的社會。而且，整個社會還會鼓勵這種行為。

人活在這世上真的很不容易，並不是每個人都被「設定」成能得到幸福。

儘管如此，宣稱「讀過之後就會得到幸福」的書籍卻不斷出版上市。能在一小時或二小時內讀完輕鬆紓解焦慮的書，每家出版社無不十分渴求。

不過紓解焦慮當然不可能那麼簡單，正因為如此，解說如何才能真正紓解焦慮，卻難以實踐的書籍，出版社通常會拒絕出版。

所以市面上才會分別出現「利用這種簡單方法即可紓解焦慮」的書，以及提到「人會感到焦慮屬於根本性問題，而十分難解」的書。

此外，後者可能會在內容提到「千萬別小看活著這件事」。在這種情況下，若說到讀者會購買哪一本書，多數人會入手的往往都是介紹如何簡單紓解焦慮的書。

總之消費社會就是以銷售物品為優先，因此才會大肆宣傳「只要買了〇〇，就可能發生〇〇」。宛如天經地義一般，標榜解決這種焦慮有多麼容易，大舉推銷只要買了某種產品，「就會發生這樣的好事」。

只不過，像這樣的魔杖根本不存在。仔細想想就會明白，假如「這麼做就能得到幸福」的事情真的會實現，人類應該老早就得到幸福了。

而消費社會，就是在販賣這種理應不存在的魔杖。這麼做就會得到幸福——明明做了那些事還是無法得到幸福，卻一再爭相推銷，想要的東西如何輕易到手的假象。

## 為了精神上的成長

自戀是人生的課題之一。

自戀是每個人的天性。人的一生中，會將這種自戀昇華，並加以克服，因此我們才會有所成長。

一個人為了成長，在每個不同時期都會遇到必須解決的課題，包含擺脫這種自戀，也是精神成長的一環。但是在這世上，卻有非常多商品可以滿足這種必須克服的自戀。「拿這款包包就會很出眾喔」，如此就是能讓人滿足自戀的商品之一。

本來人就應該生存在成長與退化，二者背道而馳的矛盾之中。但是所謂的消費社會卻提倡不需忍耐及辛苦，能輕易滿足欲望的社會。

雖然暫時不必面對伴隨成長而來的痛苦考驗就能生存，但是規避成長之後，結果將導致人生走頭投路。

也許有人會覺得，不必勉強自己克服自戀及退化，就能快樂生活下去的社會，這樣不是很好嗎？但是隨著年紀增長到了某個年齡，回顧自己的人生時，如果自己有所成長，才能真正遇見彼此用心交流的人。如果在人生的最後一刻，才發覺完全沒有這樣的人出現，你會感到無比寂寥。

儘管如此，消費社會還是一直在鼓勵大家「這種生活方式才是最美好的」。

一個人在成長過程中的課題，除了克服自戀及退化之外，還有另一項課題，就是脫離父母學習獨立，換句話說就是要克服「戀母情結」。

這點誠如佛洛伊德（Freud）所言，**「屬於人類共同的課題」**，當然無法輕易解決。

但是在消費社會裡，即使面對這樣的課題，還是不斷行銷著：「去這裡就能解決」、「讀這本書就能解決」。明明無法讓人真正解決後有所成長，卻標榜「這樣就能解決」。

所謂的充實人生，本來就不可能如此簡單做到。人生中不可避免的課題，一個接著一個不計其數，一面解決這些問題一面有所成長之後，最終才會擁有充實的人生。所以一個人活在成長與退化的矛盾之中，難以想像的負擔與風險將如影相隨。

另一方面，其實也可以不用承受這樣的負擔與風險生活下去，現在的社會也會教我們這個方法。只不過這時候就像前文所述一般，無法達到必要的成長，人生最終會走投無路。

所以現在才會人人深陷焦慮之中。

## 現代人感到焦慮的理由

總結一下先前的論點。

回顧人類的漫長歷史，會發現一開始是以共同體為主，後來逐漸轉變成功能性團體，接著到了現代則變成了消費社會、競爭社會。

在這樣追求消費與競爭社會裡，爭相販售著每一個人都能簡單生存的方法。而且每一個人都會爭相購買。

這樣子也許很輕鬆。坦白說，這就是喝了酒睡一覺，藉酒消愁的消極解決方式。但是酒退人醒後，現實卻完全沒有改變。

我們現在就是生活在這樣的消費社會當中。

所以，人才會感到焦慮，難以避免。

早在新冠疫情這類問題發生之前，人們就已經處在精神科醫師卡倫・荷妮（Karen

Horney）口中的「基本焦慮」（Basic anxiety）狀態。

一個人受到別人的關心，或是自己也會關心別人，能夠與其他人交流感情，內心就會充滿力量。

然而現在卻是一個無處依靠的時代。如果能依靠自己就好，也就能認同自己的所作所為，但是現在凡事都是未知數。儘管凡事都是未知數，相信還是有人會冒出極度憤怒或焦慮的情緒。

凡事都無法相信其實是最主要的問題。

因為不相信自己也不相信別人，才會感到焦慮。但是現在卻沒有一個凡事都不必擔心，「可以讓人安心」的地方。所以，每個人才會渴望無憂無慮的一席之地。

這是一個人最強烈的欲望，滿足這種欲望最簡單的方法，就是新興宗教。在基督教、佛教還有回教這類傳統宗教裡，要得到安心的感覺，必須努力達到一定的修行。

但是在新興宗教裡，你只要加入這個團體，他們就會安撫你說「你很幸福」。所以你才會開始緊抓住這種簡易的解決方法不願放手。

# 人生的悲劇始於「乖孩子」

我想我的年紀應該比讀者虛長幾歲。話說回來，回顧我年輕時寫書的當下都在想些什麼，結果我想到自己用盡全力設法克服焦慮的回憶。

一九八五年，我推出了《不被愛的時候如何活下去》（愛されなかった時どう生きるか，ＰＨＰ文庫）。這本書提到不被愛的時候人會感到焦慮，但是只要反過來去愛別人，就能得到相信的一切。

這本書出版之後，我創作了《人生的悲劇從當個「乖孩子」開始》（時報出版）。當人身處在服從與順從的關係之中，人生就可以繼續過下去。

只不過如此會漸漸地不斷失去自我，對周遭抱持潛藏的敵意，對自己的人格感到矛盾，於是愈來愈焦慮，以上就是書中的內容。

因此當初我才會以《人生的悲劇從當個「乖孩子」開始》為書名，其實仔細想想，人生的悲劇就是來自於必須當個「乖孩子」的焦慮。

# 實際年齡與心智年齡截然不同

人世間非常地不公平。

出生在父母感情和睦的家庭，會從母親那裡得到滿滿的母愛，受到父親的鼓勵。在這樣的環境下，孩子可以逐一克服人生課題，並能獨立生活。

但是有些人卻是出生在雙親失和的家庭。父親總是對母親暴力相向，不想聽見母親的哭聲，於是摀住耳朵躲進壁櫥裡。不僅如此，虐待兒童的情形更是與日俱增。

就像這樣，有人出生在充滿虐待的家庭，也有人出生在感情和睦的家庭。有人出生在身心皆感到焦慮，孤獨又飽受虐待的環境下，也有人伴隨著英國精神科醫師鮑比口中的「無意識的安心感」長大成人。

鮑比提出的「無意識的安心感」（Unconscious reassurance），意指自己在不知不覺中懷抱著安心感。也就是說，在潛意識中感到備受保護，覺得很安心、很安全。

不管發生什麼事，總是相信一定會有人來幫助自己，有人會一直愛著自己並保護自己，一個人生活在這樣的安心感下，在潛意識中感到很放心，真是件很美好的事。

這樣潛意識十分安心，受到保護而有安全感的人，人類的基本需求能得到滿足；但在另一方面，也有無法得到滿足的人。然而社會並不會顧及這種前提上的差異，而是全體一視同仁。不管在潛意識中是否會感到安心，當一個人年滿二十歲之後，就會以二十歲成年人的身分平等看待。

只是在這些二十歲的人當中，不但有心智年齡才二、三歲，甚至有未發育成熟，心智年齡如同新生兒的人，也有正在變成熟的人。

除此之外，由心理幼稚的人所生下的小孩，同樣會在身心皆感到焦慮的狀態下一天度過一天。

但是無論你出生在怎樣的環境下，都會有一個共同點，就是必須成就自己的命運，活到最後一刻。

# 自己的人生過得如何呢？

從這個意義上來說，對我們而言最重要的事，就是人格重塑。

總而言之，就是站在有別於過往的觀點，重新檢視自己的價值觀。

並不是遵從周遭對自己要求的價值，而是自己相信自己的價值，再重塑價值觀。

誠前所述，這世上還是有人會有「無意識的安心感」。有的人在潛意識中相信，遇到任何事情一定會有人來幫助自己。但在另一方面，也有人覺得其他人很可怕，不知道對方會對自己做什麼，生活在恐懼之中。

大家也許聽說過一句話，「凍結在記憶裡的恐懼感」。這是一種小時候不知道自己何時會被毆打或殺害，在這樣的環境中長大成人之後，深植於內心的恐懼感。

研判凍結在記憶裡的這種恐懼感，經過十年、二十年的漫長歲月依舊不會改變。如果不設法解決，恐怕恐懼感將一輩子如影隨形直到生命結束。

一個人會出生在怎樣的家庭，當然不是當事人的責任。

但是在這樣的命運安排下出生，一輩子都活在恐懼下，無法擺脫「凍結的恐懼感」的話，無論到了四十歲還是五十歲，甚至年過七十或八十，這個人都不會得到幸福。

重要的是，我們要好好面對自己人生中所有的安排，接受自己的人生，同時藉由人格重塑，開拓新的人生。

「我爸酗酒後會動手打人，實在拿他沒辦法」，對於生活在這種環境下的人而言，這就是「凍結在記憶裡的恐懼感」。這種恐懼感，會長時間留下深刻印象。但是不做任何努力就這樣生活下去，「接受痛苦的人生」，難道你不會覺得自己很悲哀嗎？

這樣的人生，必須全面再造才行。而且為了全面再造，思考自己的人生過得如何，是極為重要的一件事。

## 焦慮實際上是在求助

前文提過，現在是焦慮的時代。當然焦慮的程度會因人而異。有的人會感到非常嚴重的焦慮，有的人卻不會。

首先希望大家要記住一點，焦慮會經由求助方式發揮作用。感到焦慮的人會將各種焦慮表達出來。但是悲觀的人表達出來的焦慮，有時在樂觀的人眼中會百思不解，「為什麼總是將那麼悲觀的話掛在嘴邊」。

如果你不明白，對方將焦慮表達出來是在藉此尋求幫助的話，根本無法理解這種行為。因此你才會說出，「為什麼你總是那麼擔心」這種話。

所以請你要明白，焦慮就是在「求助」。

我沒有鑽研過基督教，不過使徒保羅說過一句話：「想想樂觀的事、快樂的事」。早在二千年以前的紀元前時代，他便提醒大家「想想樂觀的事」、「想想快樂的事」。但是人類歷經千年甚至二千年，還是做不到這件事……。

人都會尋求幫助。關鍵在於你要意識到，會說自己很焦慮的人，當下正是在尋求幫助。

## 彙整焦慮的人真正擔心的事

彙整上述內容，重點如下：

◆當不會焦慮的人看到焦慮的人在擔心時，就會很想跟他們說：「為什麼你總是那麼憂心忡忡」、「再煩惱也無法解決事情」。

◆焦慮的人也明白，再怎麼憂心忡忡還是無法改變現實。

◆既然明白就別再擔心，可是卻停不下來還是繼續煩惱。

◆因為煩惱就是在向人「求救」的意思，但是旁人卻無法理解。

嬰兒「肚子餓」、「想喝水」、「很害怕」的時候就會尋求幫助。嬰兒哭泣時，就是在向人「求助」的時候。

同樣道理，會將焦慮表達出來的人，當他們有意識地說出各種煩惱，其實就是這個人正在無意識地向人「求助」。這是他們在社會上表現出來的信號。

不會焦慮的人必須了解這點事實，反之會將焦慮表達出來的人，自己也要充分體認到自己正在向人「求助」，否則煩惱永遠無法解決。

第二章

# 「現實焦慮」與「精神官能症焦慮」

# 精神官能症焦慮的人，經常害怕焦慮

焦慮分成現實焦慮，與精神官能症焦慮二種類型。

將這二種焦慮混為一談的話，便無法針對不同的焦慮採取有效的解決方法。

舉例來說，新冠疫情的問題就是屬於現實焦慮。因為擔心會感染新冠病毒，所以這種算是實際的焦慮。

還有擔心目前的薪水能否負擔高額貸款，這種也是現實焦慮。

當然這種現實焦慮也會造成問題，不過更嚴重的其實是另一種精神官能症焦慮。這種焦慮會覺得現實中並不可怕的東西很可怕，屬於惶惶不安的焦慮。所以在日常生活中，這種情形將造成很大的問題。

有人做過下述這項實驗。假設有一面十分堅硬的玻璃牆，即便獅子撲來也不會破裂。有一個人待在玻璃牆的一側，獅子在隔著玻璃的另一側。緊接著，獅子迎面飛奔而來。

因為有隔著絕對不會撞破的玻璃，所以在理性思考下，都知道獅子不會危害到自己。但是就算明白這個道理，當獅子真的撲過來的時候，絕大多數的人還是會大叫一聲逃離現場。

就像這樣，對人類來說，明知道現實並不可怕，有時還是無法調適感到害怕的焦慮情緒。

我認為精神官能症焦慮，就是當自己無法做自己的時候，衍生出來的焦慮。

即便沒有具體的問題，有些人還是會經常害怕焦慮。總是無法相信別人，例如在談戀愛時也會一直擔心，會不會被對方甩掉這類的問題。

精神官能症焦慮的人，常常會擔心這種莫名其妙的事情。時時刻刻都憂心忡忡，不知道如何是好，而且當事人也十分清楚這種情形。但是就算自己都明白，卻還是無能為力。

總而言之，問題並不在於現實焦慮可不可怕，而是當事人會不會害怕焦慮。

# 理解錯誤將會導致錯誤應對

前文提到，焦慮分成現實焦慮與精神官能症焦慮二種類型，大家必須明確區分出這二種類型。

佛洛伊德將現實焦慮稱作「客觀焦慮」，羅洛・梅稱之為「正常焦慮」。這是必須以具體行動妥善因應，才能紓解的焦慮。對於這種焦慮，勉強自己裝作勇敢是十分愚蠢的行為。

另一方面，精神官能症焦慮是對現實中並不可怕的事物感到恐懼，屬於心理層面的問題。由於會一直對現實中並不可怕的事物感到害怕，所以首先必須思考自己為什麼會出現這樣的性格。

「如果會害怕這種事，大家會不會覺得我是窩囊廢？」「別人會不會覺得我很膽小？」像這樣一個人胡思亂想，硬是強迫自己做出看似勇敢的行為，就是精神官能症焦慮。

容我重申，現實焦慮與精神官能症焦慮不可混為一談，二者必須明確區分開來，否則會導致錯誤的應對。

在這世上，有人「到死也不願放下不幸」。多數人應該都「難以置信」，但是我在超過半世紀的歲月中深有所感，我接觸過許多心事重重的人，就是有這種人的存在。

為什麼會變成這樣呢？

因為一個人最害怕的並非不幸，而是焦慮。

因為一個人最想要的並非幸福，而是安心。

為了變得不幸所耗費的努力及精力，事實上正是為了擺脫焦慮所付出的努力及精力。

每個人都希望能得到幸福。

但是想要擺脫焦慮的願望，遠比想要得到幸福的願望更加強烈。

焦慮的人有時會努力讓自己變得不幸。

大家都知道，金錢無法使人幸福。

大家都知道，權力無法使人幸福。

大家都知道，名聲無法使人幸福。

即便如此，人還是在追求這些。

一個人會想得到超乎需求的大筆金錢，是來自有錢就能安心的迷思，這是為了擺脫焦慮。像這樣尋求安心的願望優先於一切事情。

假設有一個丈夫賭博成癮。這個丈夫不但不工作，甚至搶走妻子打工的薪水，還向妻子的親戚借錢，再跑去賭博。而且當他回家之後，還總是對妻子暴力相向。

事情演變至此，相信每個人都會覺得應該離開這個丈夫了。在這種狀態下請求離婚時，法庭上不可能做出「不同意離婚」的判決。

但是，即便像這種案例，絕大多數的女性還是不會打算離婚。調查丈夫賭博成癮的妻子後發現，無論在日本或美國，多數人都表示她們只想到「我必須想辦法幫幫對方才行」。

追根究柢，事實上並不是因為她們「想要幫助對方」才無法離婚，真正原因是她們會焦慮變成一個人，所以才無法離婚。這是一種「合理化」的心理。為了擺脫焦慮，於是將無法離婚這件事解釋成「想要幫助對方」，讓自己能夠接受。

她們擔心離婚之後未來的人生不知會如何。與其如此，現在已經習以為常的不幸會讓她們更容易生活下去。如此一來，才會演變成「到死也不願放下不幸」。

所以才會說，一個人最害怕的並非不幸，而是焦慮。

## 拼命緊抓著不幸

一個人最想要的就是安心。安心是生活的基本需求。

所以一個人在逃避不幸或逃避焦慮之間做選擇時，還是會逃避焦慮，選擇不幸。

我們每一個人都想「得到幸福」，嘴巴上也都這麼說。但是，事實上很多時候還是無法得到幸福。

因為焦慮或不幸只能二選一，而絕大多數的人卻是選擇不幸。

「自己最害怕的就是焦慮」，如果不了解這點事實，就會將自己的不幸正當化。

舉例來說，有人身陷離婚風暴的漩渦之中，完全把自己當成是為丈夫著想的妻子而不離婚加以「合理化」。會產生這樣的誤解，是因為人並不了解自己最想要的並非幸福，其實是安心。

尋求安心的願望優先於一切的事實，反過來說的話，就是想要逃避焦慮的願望優先於一切。因此，每次聽到「到死也不願放下不幸」這種事，也許你會想說「世上怎麼會有那麼愚蠢的人」，但是這並不是玩笑話，這種人真的很多。

拼命緊抓著不幸的人不計其數。

而且這些人在旁人眼中，雖然看似緊抓著不幸，但是在心理上卻是一直緊抓著渴求安心的願望。

就像這樣，世上真的有人努力不懈，存心過著不幸的人生。「因為壞事做太多，才會落得如此下場」，如果是這樣的話可就另當別論，但是並非如此。因為有人認真工作，融入社會，努力生活，卻還是無法得到幸福。

也許那些努力，可以說就像是為了變得不幸的努力。

## 與同樣有成癮行為的男性再婚的人

誠前所述，丈夫賭博成癮的妻子會說出「我必須想辦法幫助對方」這句話，無非就是在「合理化」。她真正害怕的是與丈夫離婚後，現在的生活會發生變化而感到焦慮，因此才會將這種情形「合理化」，「相信自己的選擇很偉大」。

所以，如果無法充分理解什麼事會造成自己最嚴重的焦慮，不僅會像這樣「合理化」，還會做出後續會說明的「否認現實」。也就是說，有人即便處於不幸的狀態，還是會堅稱「我並沒有不幸」。

有一個十分類似丈夫賭博成癮的妻子的例子，以前我在一個以「幸福」為主題的演講會上，分享過一名妻子其丈夫酗酒的故事。

這名女性已經和酗酒的丈夫離婚了，她口口聲聲說：「我真的很討厭酗酒的人」，「每天只會喝酒，一下子就動手打人，真的無計可施」，她如此抱怨著，接著又說：「我這輩子再也不要和酗酒的男人扯上關係！」

沒想到，調查與酗酒丈夫離婚的女性後發現一項驚人事實，竟然有半數的人，都和同樣會酗酒的男性再婚了。

明明理性思考後表示該「討厭酗酒的人」，卻產生這種情形，就是比起討厭的情緒，更害怕一個人獨處時的焦慮。進一步來說，焦慮就是如此強烈的情緒，強烈到內心深處會覺得若能逃避焦慮，自己真正的感受根本不足掛齒。

容我重申，請大家了解，焦慮對一個人來說就是如此強烈、驚人的情緒。如此驚人的情緒，會在漫長歲月裡，不斷從看不見的地方左右這個人的人生。現在這個時代，焦慮的情緒會愈滾愈大。所以，大家都在開始偽裝真正的感受。

# 造成真正的感受失去作用

無意識狀態下，才存在自己真正的感受。

真正的感受是自發性的情緒，並不會「因為寂寞而喜歡上那個人」。會喜歡上一個人並非因為寂寞，而是自發性地喜歡上一個人，所以也會自發性地討厭一個人。

人本來就具有這種自發性的情緒。然而有時人卻無法察覺到這種真正的感受。

所謂真正的感受，有別於自身有意識的個人情緒。我們往往以為「自己意識到的自己＝真實的自己」，事實卻並非如此。「自己意識到的自己」，很多時候其實是將真正的感受偽裝起來的自己。

話說回來，究竟是什麼讓我們自己真正的感受失去作用？始作俑者正是焦慮。焦慮的影響力無遠弗屆，所以才讓我們真正的感受逐漸失去作用。於是我們開始用偽裝的情緒，而不是用真正的感受度過每一天。

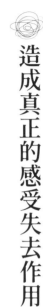

甚至在焦慮的影響下，我們自己真正的感受、渴望、想法會逐漸被消滅，失去體貼與親切這類的情緒。

於是在失去自我後會質疑人生，開始不斷耿耿於懷「別人如何看待自己」，還會因為這個問題，與人斷絕關係。無法與任何人進行情感交流，對一個人來說是難以忍受的恐懼。

當一個人開始用虛偽的情緒過生活，就會開始在意「別人如何看待自己」，關於這點讓我們進一步繼續探討下去。

舉例來說，有時過度扮演好人的角色會使人筋疲力盡。因為你會擔心，「做這種事別人會不會把我當成壞人」，或是「堅持這麼做，別人會不會覺得我多事」。這就是日常的焦慮，害怕帶給對方不好的印象。

就像這樣，有時會擔心「如果這麼做，會不會被嫌多事」，還有儘管真的很想去做，卻擔心「失敗了會不會被嘲笑」，而不敢去做。

幾乎沒有人會對失敗的經驗感到害怕。而是想到自己失敗之後，別人會如何看待自己，這時人才會對失敗這件事感到焦慮。

可說焦慮的根本原因，並不是失敗的經驗，而是別人會如何看待失敗後的自己。

## 「討人歡心症候群」源自嚴重自卑感

在公司裡，有時會擔心這麼做會不會被上司討厭，於是勉強自己。

從前全世界只有日本有過勞死，所以在歐美地區才會使用日文音譯的「karoshi」一詞表示過勞死。

前陣子，我接受了菲律賓媒體的採訪，主要談論「完全無法理解過勞死」的話題。在他們的提問中談到，「既然要工作到死，為什麼不辭職」。

歸根究柢，這個問題背後的因素同樣源於擔心自己會不會被上司或同事討厭。被旁人看作是失敗的人、自我價值遭人否定，這種事對一個人來說非常可怕。

焦慮的人無法自我肯定，屬於「迴避型人格」，會逃避其他人以維護自我價值。關鍵在於能不能清楚地了解自我。「迴避型人格」其實是內心缺乏安全保壘，因此要從他人的認同尋求自我的存在。所以當別人感謝自己或是受到他人認同後，才會感到安心、喜悅與滿足。

有嚴重自卑感，就是「討人歡心症候群」最明顯的心理特徵。

焦慮的人，無法與任何人情感交流。他們會自我異化，逃避他人。

最終會導致「變得不像自己」、「喪失自發性情緒」，就是因為「不想被人討厭」、「想給人留下好印象」的想法開始蔓延，堪稱是現代的黑死病。

無法自我肯定的人，為了自我肯定只能設法討人歡心。所以無法說出真正的想法，為了讓對方喜歡自己，明明不開心也會說：「哇，我好開心！」

另一方面，心中卻總是擔心害怕著，「如果這麼做或是說了這種話，對方會不會和自己斷絕關係」。就算對方不會離棄自己，還是一直害怕會被對方離棄而感到焦慮。

結果會因為這樣的焦慮，拼命地想要保護自己。想被當成好人於是低頭認錯，可是每次偽裝自己的情緒出聲道歉時，厭惡之情便油然而生。

遇到自己心情沮喪時，通常會有人來關心自己，隨口「安慰」自己幾句。當對方如此應和的時候，心裡也會產生厭惡的情緒。

一個人只要缺乏活下去的力量，就會變成這樣。

# 過度「讀空氣」的人

「愈是將自我價值寄託在他人身上，愈會增加藐視自己的機會。」

——《Depression and Masochism》，Nathan Leites，W.W Norton & Company，Inc，1979，95頁

無法自我認同，自卑感嚴重，就是「討人歡心症候群」的心理特徵。

總是感到焦慮的人，通常會接收到一個訊息：「自己現在的生活方式出問題了」。

只不過，多數人並不會去留意接收到的訊息。

林肯說過一句話：「我深知，想讓萬人喜愛便會削弱自己的力量。」

——《發揮最好的一面——培育人才的12個重點》，艾倫．洛伊．麥金尼斯著，加藤諦三譯，日本實業出版社，220頁

另外，飽受慢性憂鬱症所苦的美國總統林肯也說過這樣的一句話：

「絕大多數的人只要自己下定決心得到幸福就能幸福。」

——《Alan Loy McGinnis, The *Power of Optimism*》，Harper & Row Publishers，1990，95頁

只要相信自己的價值，別人不喜歡你也無所謂。

焦慮的人，會避免自我主張而討對方歡心。所以並非沒有自我主張，而是犧牲了自己的欲望。

「自古奴隸、罪人、被社會排擠的人，都會裝作被動的樣子默默服從，將自己真正的情緒藏在背後，他們非常擅長隱藏自己的憤恨不平。因此表面上看來，他們十分滿足於自己的命運。滿足的面具，就是他們活下去的手段。」

——《偏見的心理》上篇，高爾頓．威拉德．奧爾波特著，原谷達夫、野村昭合譯，培風館，127頁

避免自我主張的人，為了生存下去會一味地迎合對方，任人擺布。如今在日本社會上雖然不存在奴隸，卻有許多心理上的奴隸。

# 無法相信自我價值

有一個「馬恐懼症」的故事十分有名。

一名小孩看見馬就害怕，原因不明，令人百思不得其解，調查之後發現，原來他是對父親感到恐懼。小孩會害怕父親，可能是他覺得父親對自己沒有好感。

他害怕自己對父親的恐懼，於是這種心理衝突被轉換成馬恐懼症。

這種希望父親對自己有好感的心理非常重要。如果這名少年一直覺得「我討厭爸爸」，事情會如何發展？「討厭爸爸」並不是孩子的父親期望中的情緒。所以，孩子會在無意識中，將害怕父親的感覺從自己的意識中驅逐，尋找其他事物（馬）替換恐懼的對象。

這種恐懼的替換，尤其常見於年幼的孩子。身為父母親的人，應該都有過類似的經驗。孩子會非常害怕莫名其妙的事物，其實是因為他害怕某個人的緣故。但是被這個人厭惡會為自己帶來危險，所以才會感到焦慮。

有的人即便和情人在一起，還是會一直感到焦慮，試圖讓對方覺得自己很好。接著又會擔心自己做的那些事，會不會讓對方留下好印象，因而感到焦慮。

這種案例，就和先前舉過的例子一樣屬於日常的焦慮，而非工作到過勞死的焦慮，和無法相信自我價值的人而感到的焦慮雷同。

原因就是沒有活出自己，無法肯定自我——前文提過的「迴避型人格」就是這種情形。

## 害怕拒絕後被人討厭

想讓別人對自己有好感，藉此獲得安心感，就會圍繞在擔心自己的人格受到質疑的話題。

其實滿腦子只想著讓別人對你有好感，最終只會讓你對其他人產生厭惡。像是一直在諂媚別人的人，會將自己的心封閉起來，因此也無法向對方打開心房。換言之，自我肯定還是得由自己做起。

受人委託，甚至接下超出自己能力範圍的工作。擔心自己做不到的時候不知該如何是好，只能硬撐下去，可是所有事情都讓人十分焦慮，而感到愈來愈難受。

許多人拼命想贏得他人好評，卻因此愈來愈討厭其他的人。

總而言之，在人際關係中遇到的挫折以及溝通的問題，都是從無法自我肯定衍生而來。這才是焦慮的真相。

接下來我想探討焦慮的症狀，與大家一起思考　為什麼會變得如此焦慮？

如果拼命工作，盡最大努力就能得到幸福就好了，但是誠如前文所述，在現實世界中，卻有人因此變得不幸。為什麼努力付出了，卻還是做出了讓自己變得不幸的事情呢？

為無關緊要的事情煩惱，這種情形在不會感到焦慮的人眼中，實在難以理解，不懂「為什麼要擔心那種事情」。因為他們會覺得，「只要拒絕不就得了」。

但是當事人卻拒絕不了。他們會接下超出自己能力範圍的工作。

因為他們害怕拒絕後被人討厭。於是會勉強自己，努力去達成超出能力之外的事。超出自己能力範圍的工作也能接受的人，會害怕拒絕別人之後，自我價值遭受否定、不被認同，於是才會拒絕不了。

這就是前文提到的「迴避型人格」，也是羅洛．梅以及許多人口中的「成功者的憂鬱症」。

也可稱之為「面帶笑容的憂鬱症患者」。患有憂鬱症的人會努力不懈，最後大家卻還是覺得他們「不正常」。別人這麼想，也就證明這個人是如何藉由他人的評價，讓自己堅持下去。

自我肯定、非迴避型人格的人，當然不會有這些煩惱。他們會覺得不可思議：「為什麼會為了那種事而煩惱？」

因為他們就算拒絕別人的請託而被討厭之後，還是能正向思考，覺得「被那種人討厭也無妨」。他們自我肯定，所以被別人討厭、遭人批評都不會讓他們感到焦慮。

但是希望別人肯定自己的人，很害怕遭人批評。誠如前文所述，這種焦慮是非常強烈的情緒，因此才會勉強自己接受別人的請託。

所以遇到會煩惱芝麻小事的人，無論怎麼講道理，告訴他們「不必煩惱那種無謂的小事」、「那種煩惱毫無意義」，由於當事人無法肯定自我價值，所以還是會感到焦慮難以擺脫。

## 什麼樣的人無法獨自生活？

焦慮是極為強烈的情緒。同理可證，焦慮影響的範圍和嚴重性，也特別強烈。所以焦慮與不焦慮的人，根本無法溝通。誠如前文所述，因為在不會焦慮的人眼中，並無法理解對方「為什麼會那樣想」。

過勞死的新聞播出之後，這世上總是會出現分歧的意見。一方的意見已在前文中提過，認為「只要辭職不就得了，又不是只有一家公司……」；另一方的意見則認為，「這家公司未免太黑心」。

很多女性，都離不開賭博成癮的丈夫或酗酒的男人，甚至是工作狂的男性。這是為什麼呢？因為一個人展開新生活會讓她們感到焦慮。

就像這樣，會不會感到焦慮，將對我們的生活方式、言行舉止造成很大的影響。

前文提過「成功者的憂鬱症」、「面帶笑容的憂鬱症患者」，仔細想想真是難以想像的矛盾狀態。

## 想盡方法束縛對方

德國的精神科醫師泰倫巴赫（Tellenbach），曾針對（Melancholic personality type）「憂鬱型性格」提出說明。「melancholy」意指「憂鬱」。

根據泰倫巴赫的說法，憂鬱型性格者無法一個人生活，無論如何都會為對方付出一切。

這世上有許多居心不良的人。比方說，對於賭博成癮的男性而言，憂鬱型性格的女性就是最好下手的目標。他們會向符合自己需求的女性開口說「我喜歡妳」，但是喜歡他們的女性卻不知道他們居心不良。

於是在結婚之後，最終上精神科求診的，並非男性而是女性。

前文提過，焦慮的人會失去真正感受的作用，因為自己並不了解自己，所以也無法了解對方。因此焦慮的人甚至不會去觀察對方。

但是反過來說，賭博成癮的男性一下子就會知道「這種女性是最好下手的目標」。因為他們會察覺到對方「可以任人擺布」。他們會利用這種方式找尋目標，接著只須鎖定目標「守株待兔」。

請大家記住這句話，「狡猾之人對弱者十分敏銳」。

奸詐的男性，並不是因為自發性的情緒談戀愛而步入禮堂。

但是憂鬱型性格的人會付出一切設法討對方歡心，他們會這麼做，全是因為自己無法一個人生活。因為無法獨自生活才會為對方付出一切，而不是隨著自發性的情緒，因為喜歡對方才付出一切。

而且對於憂鬱型性格的人而言，為對方付出一切是屬於意識層面的問題。事實上，他們打從心裡想透過付出一切的方式，反過來束縛對方。自己無法獨自生活，感到焦慮不知所措，於是透過付出一切的做法，無意識地想要綁住對方。

局外人可以隨口說：「妳只是運氣不好，跟那種男人分手吧！」但是人心並非如此簡單。如果無法充分理解複雜的人心，到最後還是會對人際關係產生誤解。

憂鬱型性格的人會試圖討對方歡心，但是他們並不是為對方著想才這麼做，而是因為焦慮才想緊緊抓住對方，於是才會使出為對方付出一切的手段。

泰倫巴赫解釋，在無意識下緊抓住對方就是**「以自我為中心地為人著想」**。

——《Melancholy》，休伯特斯．泰倫巴赫著，木村敏譯，みすず書房，157頁

雖然想討對方歡心，但是這麼做並不是真心為了對方著想，因此並不了解對方對自己有何期待。

# 因焦慮而容易情緒化

焦慮的人會出現一種傾向，當他們因為對方的無心之舉坐立不安時，就會失去冷靜而變得情緒化。所以，才會因為無關緊要的事而惹上麻煩。

無關緊要的事本身並不會造成問題，內心的想法才會引發問題。總而言之，因為焦慮導致內心混亂才是問題所在。

「為什麼那個人，會因為那種事情大發雷霆，又哭又鬧呢？」這種情形，並不是麻煩的事情所致，而是無法堅持自己的想法，問題在於當事人的焦慮情緒。

一般認為人人口中的大人物都不會坐立不安，事實上每一個人的內心都是波動不已。只不過在大人物的心中，會有一個信任的基準。反之，焦慮的人並不相信任何事物。所以必定會失去冷靜，變得容易情緒化。

對一個人來說，最可怕的就是焦慮。

所以誠如前文所言，在焦慮與不幸中做選擇時，人都會選擇焦慮。

這是因為想要守護自己當下的立場。執著於現在的自己會看不到盡頭。想要擺脫焦慮雖然很難，不過最重要的還是不要執著於地位或事物。

遺憾、憎恨、無法原諒……你要拋開這些想法向前邁進，人生就是要向前走。但是即便明白這個道理，回過神來還是一直會想著「我無法原諒他」這些事情。

會因無關緊要的事煩惱不已的人，就算問他們「為什麼要為那種事煩惱」，他們執著的煩惱也無法擺脫。煩惱的原因，並不是這些芝麻小事，而是在於因焦慮而筋疲力盡的心。

## 為無關緊要的事攻擊另一半

焦慮的人必須充分理解自己會坐立不安，也必須重視前文所述的人格重塑。焦慮時更需要重塑價值觀，相信自己的價值，而非旁人眼中的價值。

焦慮的人必須像這樣重塑人格，否則不管再努力，都難逃自我價值崩壞的命運。不僅如此，愈努力愈容易引發問題而感到孤立無援，使人筋疲力盡。

焦慮的人，再怎麼努力都只會消耗自己。飽受焦慮折磨而筋疲力盡之後，便無法對人生感到樂趣。

小孩子每天看起來都很快樂，因為孩子擁有充沛的精力。不幸地是，憂鬱型性格與焦慮者並不具備這樣的精力。

當他們因為無關緊要的事，而非什麼重大問題動怒時，意味著個性上存在嚴重的問題。

舉例來說，一對夫妻因為買房子的事情吵個不停。購屋需要一大筆錢，屬於人生中的一大問題。因為這種事情爭論不休實屬平常。

反之，如果是因為無關緊要的小事大吵一架，這方面的問題才更嚴重。因為二人的內心衝突，會經由無關緊要的問題浮上檯面。

由我主持的廣播節目「電話人生諮詢」中，經常遇到聽眾來電諮詢，提到丈夫會因為自己的某種回應方式而勃然大怒，令她十分困擾。而且丈夫只要一生氣起來就很難消氣。

因買房子等大問題而認真爭論，與因為某種回應方式便怒氣難消，問題比較嚴重的應屬後者。由於一點小事便大發雷霆，而且還很難消氣，如果你是被罵的一方，根本不會明白對方為什麼要那麼生氣。

事實上這是「攻擊性的替換」。真正想攻擊、厭惡或是可以發火的對象，其實另有其人。

但是害怕自己意識到那股怒氣，所以將那股怒氣逐出自我意識，才會出現攻擊性的替換。

人都會想要逃避焦慮，所以總是會做出這種攻擊性的替換行為。

擔心「不能和這個人打壞關係」而感到焦慮時，對那個人的怒氣就會全部壓抑下來。但是怒氣只是從意識中消失，並不是從那個人身上消失，所以那種攻擊性便會調換到其他對象身上。

而且這種攻擊性會轉向自己眼中安全的對象。心想「就算攻擊這個人，自己也不會感到焦慮」，才會轉而攻擊。

常聽到「那個人看起來不錯」這類的形容詞，其實焦慮的人就有這種傾向。在家裡以外的地方出現攻擊性並不恰當，因此對於絕對不會離開自己，完全可以放心的另一半，才會出現這類的攻擊性。

丈夫因為某種回應方式便動怒，這是因為無法對自己原先會感到焦慮的對象做出攻擊，於是丈夫心裡十分焦慮，並且累積了大量的敵意與攻擊性。

因為某種回應方式便大發雷霆，甚至氣到半夜二、三點，這種情形正是過去不斷累積下來的怒氣，朝安全的地方全部發洩出來。

將攻擊性積在心裡，就是為了逃避焦慮。因為焦慮令人害怕，所以想要逃避卻感到焦慮時，攻擊性便會在無意識下全部展現出來。

進一步而言，其實是丈夫與妻子在一起時缺乏自信。在丈夫的心中，並無法與妻子建立起穩定的關係。坦白說，如果能和妻子感情穩定，丈夫在外就不會對人際關係感到太焦慮。

換句話說，由於沒有任何穩定的關係，於是丈夫會因為某種回應方式便對夫妻關係感到焦慮，才會情緒焦躁。

丈夫渴望的，是自己與他人關係緊密的信任感。他會因為某種對待方式、某種回應方式而發火，代表自己沒有與任何人建立情感連結。

丈夫因為焦慮，所以想要安心的感覺。丈夫希望妻子能比以前更關心他，所以他只是在撒嬌罷了。

假如丈夫察覺妻子下定決心要離婚，他的態度應該會突然改變。因為向妻子宣洩怒氣這件事，已經變得不安全了。

## 一下子就會感到受傷而動怒的人

「臨床觀察經常見到這種現象，意圖反抗而孤立無助的人，都是在壓抑想和他人維持緊密關係的欲望與期望。」

——《焦慮的人類學》174頁

會因芝麻小事動怒的人，無法與任何人情感交流。結果一旦生起氣來，就會很難消氣。

每次我在廣播節目「電話人生諮詢」上向諮詢者問說：「那種事情二個人好好談談不就行了？」一定會有人回我：「丈夫一下就會生氣，根本無法溝通。」一下子就發脾氣的人，真正的想法其實是想和對方維持關係。實際上是在說：「幫幫我！」因為某種回應方式便動怒的丈夫，其實是一面在生氣、一面想和發脾氣的對象維繫感情。

遇到事情一下子就會受傷並動怒的人，也是飽受焦慮所苦。因為焦慮、自卑感與敵意緊密結合之後，形成了這個人的人格。擁有這種人格的人，同樣是因為十分嚴重的內心衝突，才會無法溝通。

人格集結了焦慮、自卑感與敵意的人，就算付諸行動就能解決事情，還是不會做出行動。

結果才會感到焦慮，筋疲力盡而面容憔悴。有些人甚至會開始出現具有敵意的攻擊性。他們的敵意，甚至會讓其他人無法理解，「為什麼要因為這種小事如此動怒」。

那是因為他們的內心充滿焦慮。所以就算沒什麼事也會突然動怒。

「攻擊性的焦慮」當中，隱藏著「煩惱」、「焦慮」的心理狀態。容我重申，他們的內心深處其實正在無意識地吶喊著：「幫幫我！」

無法察覺自己內心想法的人（也有人察覺到這點而感慨萬千），自己也不自覺地，正在日常生活中藉由攻擊對方來進行報復。

心病會經由人際關係表現出來。

心事重重、唉聲嘆氣的人，都沒有心靈相通的朋友。

缺乏心靈的支柱。

有一種努力只會帶來不幸。

停止那種努力就會得到幸福。

但是，人卻無法停止只會帶來不幸的努力。

那就是一種不幸依賴症。

即便想要停止只會帶來不幸的努力，卻停不下來。

那就和酒精成癮的人，無法戒酒是同樣的道理。

停止只會帶來不幸的努力。
拿出那種勇氣就能得到幸福。
停止逃避面對「真實自我」的危險。
只要拿出那種勇氣就能得到幸福。

現在透過前文的說明，大家應該可以理解焦慮的情緒有多可怕了。
我們口口聲聲說想要得到幸福。相信每一個人都想得幸福，不想變得不幸。但是比起這種想要得到幸福的心情，想要避免焦慮的心情卻更加強烈。
如果是為了逃避焦慮，不幸根本不算什麼。「到死也不願放下不幸」，指的就是這種情形。
那樣的人在這世上不計其數。到死也不願放下不幸的人，全都是感到焦慮的人。
所以為了擺脫焦慮，首先要想想自己會不會感到焦慮，其次請你試著思考，與自己有關係的人會不會感到焦慮。
此外當你陷入焦慮時，最重要的是要充分了解為何會感到焦慮。接下來要做的，就是重塑人格。

# 第三章

# 不幸
# 好過焦慮

# 霸凌不會消失的決定性理由

到目前為止，我已經向大家解釋了安撫焦慮的方法並沒有那麼簡單。

另一方面我也說過，我們現在生活的社會，一直在爭相教導我們「簡單的生活方式」，如此可以用來面對人生中各式各樣的煩惱，也含焦慮在內。

接下來有些離題，話說在我們生活的社會裡，存在一些無法輕易解決的問題。比方說，霸凌就是其中之一，實在不容易解決。還有拒絕上學的問題，也是難以改善，虐待兒童的情形也防不勝防，另外家庭暴力及職權騷擾，也都無法輕易消除。心病，總是會一直存在。相信不管經過幾十年、幾百年，還是不會消失。

話說回來，為什麼相同的事情會一再發生呢？

這是因為我們無法了解，前文提過的焦慮心理有多麼可怕。坦白說，只要無法理解這點，無論如何教育都會面臨失敗。

我們一直被灌輸一個觀念，「霸凌是不好的事」。只不過，霸凌並沒有因此消失，現在還是一直出現霸凌事件。

為什麼不會消失呢？

當然大家都明白，「霸凌是不好的事」。

假如有一半的人都不知道「霸凌是不好的，只要教育大家這樣是不好的事」，應該就能看出成效。但霸凌者本身早已心知肚明霸凌是不好的事。

所以，他們才會瞞著老師霸凌他人。而且詢問霸凌者後可以發現，他們都說沒做過「可能會被老師抓到的霸凌行為」。

因此儘管大家都知道「霸凌是壞事」，霸凌卻依舊不會消失。

上述說明有些拐彎抹角，其實我想要表達的是，不去思考「為什麼霸凌不會消失」的原因，只是一味指責「霸凌是壞事」的話，根本無法解決任何問題。

我們最應該思考的問題是：「為什麼缺乏克服困難的能力？」

## 消費社會、競爭社會助長人們做出不幸的選擇

誠如前文所述，我們現在正陷入一個消費社會的陷阱裡。首先必須充分了解這點，否則無法解決社會上發生的任何問題。

消費社會教我們的簡易解決方法，其實不應該存在。這麼做就是在教我們如何滿足自戀。如此一來，將使人陷入精神官能症。

教我們不成長就能生活的社會明明不應該存在，卻「存在著」。表示在人們生活的世界裡，不應該存在的「魔杖」確實存在，如今人們正活在爭相販售商品的消費社會、競爭社會裡。

人們渴望那種幻想的魔杖，拼命地選擇不幸。最終人生將走投無路。

「不幸的人當中，似乎念念不忘著延續不幸一樣，許多人一直緊抓著讓自己不幸的想法、生活方式和感受。」

——《The Pliant Animal》，喬治．溫伯格著，加藤諦三譯，三笠書房，238頁

「你想要得到幸福嗎？」每次提出這個問題，人人都會回說「我想得到幸福」，卻總是得不到幸福。其實我們都反過來拼了命地在緊抓著不幸。

因為比起「想要得到幸福」，「想要迴避焦慮」的心情更加強烈。所以到最後才會選擇「走上不幸的道路」。

而且助長這種現象的，就是消費社會、競爭社會。

在第二章曾經聊到一名女性的故事，她有一個會酗酒的丈夫。

假設她十分幸運，與酗酒的丈夫離了婚。本來到這地步她就能得到幸福，只要讓自己過著幸福生活就行了。沒想到經調查後發現，當這些女性和酗酒的前夫離婚之後，再婚的對象多數竟然又是酗酒的男性。

這些女性都有意識到，不管怎樣都不想再和酗酒的男性扯上關係了。他們不是會

動手動腳，就是有其他女人，還會搶走自己努力賺來的錢去養小三。如果這些女性真的覺得她們「受夠了」，只要別再和酗酒的男性再婚就沒事了。

沒想到，絕大多數的人不僅沒有和酗酒的丈夫離婚，甚至連已經離婚的女性，也會再次和酗酒的男性結婚。

這是怎麼一回事呢？其實她們的確都有意識到，也不想再和酗酒的男性扯上關係，她們真的是這麼想的。但是在無意識中，這些女性渴望的其實就是這樣的男性。

這種有意識與無意識的相互矛盾，就是會焦慮的人所具備的人格特質。

我們一直沒有意識到，事實上並不是意識在驅使我們展開行動，我們的所做所為全是來自無意識。所以，她們才會又和酗酒的男性生活在一起。

# 選擇不幸，怨恨別人

前文提過，和酗酒的丈夫生活會令人不開心，但是離婚後一個人生活會令人焦慮，若要從中做選擇，多數女性都會選擇不幸。

往右走就會得到幸福，往左就會讓焦慮或自卑感得到安慰的岔路上，多數人都會往左走。人就是像這樣放棄自己的幸福。

為什麼人每天都會有煩惱呢？

為什麼人每天都會說「好想死」呢？

這是因為比起不開心的情緒，焦慮的情緒更加強烈。

所以才不得不選擇「到死也不願放下不幸」的生活方式。

這是因為比起焦慮，不幸感覺比較輕鬆。

有一種努力只會帶來不幸。

停止那種努力就會得到幸福。

即便想要停止只會帶來不幸的努力，卻停不下來。

那就和酒精成癮的人無法戒酒是同樣的道理。

每個人都盼望著想要得到幸福，這種心情並不虛假。

但是比起想要得到幸福的心願，讓人不幸的吸引力卻更加強烈。

刁難別人並無法得到幸福，這點大家都心知肚明。大家都知道，為了他人的幸福努力付出的感覺特別好，也會讓自己感到幸福。

但是害怕被朋友排擠，於是加入了霸凌者的行列。

而且不幸的人，嫉妒的情緒遠比希望他人幸福的情緒更加強烈。

所以他們明知道刁難別人也不會得到幸福，還是會那樣做，因而選擇了不幸的道路。

而且實際遭遇不幸之後，同時又會因此再去怨恨別人。如此一來，變成自己緊抓著不幸，另一方面卻又一直感嘆著「我想得到幸福」。

察覺自己在無意識中的憎恨情緒，你就能開始邁向幸福；但如果你不能接受事實，到死你都不會得到幸福。一直努力，卻只會帶來不幸。

# 焦慮的人最終將無法與任何人情感交流

焦慮的原因之一，是隱藏起來的憤怒及敵意。一個人會在無意識中懷抱著這些情緒，所以並無法察覺。

獨自在充滿敵意的世界裡，會感到十分無力，覺得遭人排擠。

總而言之，就是無法信任別人。

這種對周遭世界無意識的憤怒及敵意就是焦慮，但當事人難以明白箇中原因。

比方說，「因為妻子的某種回應方式而勃然大怒」、「因為某種迎接方式而大發雷霆，孩子如果沒有到玄關開心迎接父親說『爸爸您回來啦』，就會翻桌、將家裡搞得雞飛狗跳」、「一臉不悅地不發一語」……

這就是丈夫無意識的憤怒及敵意，其實在這種人的內心深處，是渴望著與人情感交流。

誠如前文所述，能夠與他人好好地交流情感，感到安心的話，就不會因為那些事情而生氣。

表面上看到的，雖然是「一下子就大發雷霆」、「翻桌」，其實在他們內心深處的無意識卻渴望著與家人維持穩定的關係，並不是經濟上的供需或血緣上的連結，而是真正的彼此關心……穩定的關係，相信自己與他人建立起情感連結的安心。

沒想到因為無法相信別人而感到焦慮，於是做出奇怪的反應——雖然表面上反應出來的行為充滿攻擊性，但是內心渴求的卻是「想和他人情感交流」的平凡心願。丈夫的心裡，甚至是內心深處，一直想要感到安心。所以正是因為焦慮，才會如此憤怒。

說到為什麼會感到焦慮，以這個例子來說的話，就是因為他並沒有與妻子或其他人有情感上的交流。

# 無意識的意識化

羅洛．梅說過這樣的一句話：

「臨床上經常觀察到一個現象，以相對性的角度來看，獨立、孤立的人其實渴求並希望與其他人情感交流。」

——《焦慮的人類學》174頁

重要的是，在這段話的後續提到，「他們總會壓抑這種渴求及希望的情緒」。

換句話說，當事人渴求與其他人維繫穩定的關係，但是自己卻無法意識到無意識的欲望。

所以，解決焦慮的其中一種方法，就是這種「無意識的意識化」。

要察覺到「自己真正想要的是充分關心彼此，穩定的關係」。

要察覺到「自己從來沒有穩定的關係」。

羅洛·梅口中「以相對性的角度來看十分獨立」，其實意指「不需要別人照顧，我要獨自一人」的人，但這樣根本不是獨立自主。

真正的獨立自主，終究還是必須在人與人的相處之中，成為獨立自主的人。

遇到某些事一下子就會受傷生氣的人，進一步來說就是容易受傷的人，其實都是飽受焦慮所苦。問題便在於，這些人自己並沒有意識到這一點。

這種人試圖獨立自主，於是努力重複著打坐、沖水的修行，縱使他們經過鍛鍊，使自己變得更堅強，避免內心受到傷害，卻還是徒勞無功。除非他們了解自己焦慮的真相，並努力擺脫這些原因，否則不會有何改變。

# 無意識的敵意

阿德勒（Adler）曾提出「攻擊性焦慮」（aggressive anxiety）一詞，他形容得非常貼切。焦慮的作用，就是在向外界發出求救的信號。

現在這個時代，充斥著五花八門、毫無意義的資訊，人們也十分焦慮會被時代遺忘。心事重重的大人，就和小孩子一樣，一方面在尋求協助，卻同時表現出攻擊性。

**「經常發出一種現象，即某些類型的焦慮會構成攻擊性的主因。」**

——《焦慮的人類學》57頁

換言之，經常生氣的人許多時候都是飽受焦慮所苦。只要發生事情，一下子就會受傷動怒的人，也是因為焦慮的關係。

焦慮與自卑感，加上敵意緊密結合之後，就會形成這種人格。總而言之，焦慮的各種症狀會形成一個人的人格表現出來。

為什麼會因為妻子前來迎接的方式，便如此勃然大怒？歸根究柢，就是因為這個人具有這種人格，也就是自卑感強烈，無意識中隱藏著敵意。

這種人或許只要察覺到隱藏在自己內心深處的敵意，就會對這個世界改觀，感到不可思議。

他們對事物的看法、認知方式會完全改變，而且周遭的世界對這些人來說，也不會再像過去一樣充滿著敵意，會完全變成另一個世界。

由於自己隱藏了某些意識，所以才會像這樣感觸良多，只要當他們察覺到這一點，就會改變他們對這個世界的感覺。

# 不採取行動而是一直怨天尤人

認知方式像這樣改變之後，再展開行動，就是解決各種問題的第一步，只不過誠如前文所述，總是會感到焦慮的人並不會展開行動，他們只會一直怨天尤人。結果便會因焦慮而面容憔悴。不僅如此，有些人甚至不會隱藏敵意，對他人充滿攻擊性。

有人一開口就會對人口出惡言，其實這也是因為焦慮的關係。因為他們想要擺脫這種焦慮，於是才會經常語帶批評。

所以，在不會焦慮的人眼中應該十分不解：「這個人為什麼要如此說人壞話，批評別人？」

明明做些努力就能解決，為什麼不採取行動而是一直怨天尤人？這是因為每一個焦慮的人，都會被自己的無意識所驅使。在無意識的「退化欲望」驅使下，一直怨天尤人會讓他們感到舒暢愉快。

所謂的退化欲望，類似小孩子想得到母親關注，屬於以自我為中心的心理現象。人就是處在這種退化欲望，以及想擺脫這種退化欲望尋求成長的心理衝突之中。

馬斯洛曾說過，**「追隨成長的欲望，伴隨著風險與負擔」**，儘管一般人都是處在這種成長與退化欲望的心理衝突當中，還是會基於成長欲望設法生活下去，所以才能堅持到人生的最後一刻。

然而，還是有人只會一直埋怨。因為怨天尤人，可以滿足一個人的退化欲望。再加上可以從中得到滿足，所以才無法停止怨天尤人。

而且當事人也並未察覺到，事實上他們正藉由怨天尤人攻擊身邊的人。

## 千萬別向怨天尤人的人提出建議

有時候出於好心，會向怨天尤人的人提出具體的解決方法，建議他們「這麼做就能解決問題」，結果對方卻面露非常不悅的表情。
為什麼對方會一臉不悅？這就如同前文所言，因為他們所以之心事重重、怨天尤人，就是在滿足無意識的退化欲望。
卡倫．荷妮曾說過：「**心事重重的人，最大的救贖就是煩惱。**」這就是滿足個人退化欲望的意思，煩惱的事情對當事人來說，就是最大的救贖。
俗話說：「沒有任何疾病，會比憂鬱症更需要他人的理解。」還有一種說法：「沒有任何疾病，會比憂鬱症更難令他人理解。」
所以，憂鬱症才難以痊癒。
憂鬱症患者會說「好想死」，就是為了滿足退化欲望，煩惱是他們的救贖。
這些人會因為某些無關緊要的事，一下子就心情低落。就連心理健康的人百思不解的事情，「為什麼會因為那種事而心情低落？如果會因為那種事情心情低落的話，自己不就得從早到晚悶悶不樂了」，這樣的想法也會讓憂鬱症患者心情沮喪。
心理健康的人會有這種想法是天經地義，但是憂鬱症的人卻會藉由心情低落的事情滿足自己的退化欲望，而且還會一直譴責身邊的人。

# 「我好痛苦」這句話就是在隱性譴責

這句話有一大重點。據說無法理解其中的涵義，便很難理解憂鬱症。儘管沒有任何疾病比憂鬱症更需要別人的理解，但是會說沒有任何疾病比憂鬱症更難令人理解就是這個原因。

其實會說出「我好痛苦」這句話，就是一種表達譴責的方式。會說「我好痛苦」，就是在譴責別人。當然這是無意識的行為。所以是在無意識中譴責別人。

話說為什麼譴責會變身成痛苦的表現，因為這種人無法面對面譴責別人。所以才將譴責完全隱藏起來，透過痛苦的形式表現譴責，不斷說自己「很痛苦、很痛苦」。

一個人必須具備溝通能力才能生存下去，這和不會說英語、不會打電腦的層次不同。一個人就算不會說英語、不會打電腦，還是可以生存下去。

但是一個人如果缺乏溝通能力，根本無法生存下去。所以會閉門不出。除了天生情緒不穩定，再加上基本人格也充滿焦慮，於是才會斷絕與外界往來。

就連不需要感到害怕的事情，都會感到恐懼。

就連不必在意的瑣事，也會忍不住擔心。

想要完全理解這種心理，就必須事先理解他們的煩惱會轉化成攻擊性這一點。

總而言之，他們會壓抑類似敵意的情緒，而這些敵意會化為不同樣貌表現出來。只要能理解這一點，就能理解世上發生的許多事「為什麼會如此淒慘」了。

焦慮的人往往會自以為是，而且在這些自以為是的想法背後，都存在強烈的敵意。例如他們自認「受到不公平對待」、「那個人很過分」等等的想法，都會令周遭的人難以想像。

# 焦慮是在暗示「生活方式應該改變了」

盡可能避免焦慮乃人之常情，但在另一方面，焦慮其實也是在提醒你，「你現在的生活方式出問題了」。

因為無意識出現問題，所以自己無從察覺，但是焦慮卻是提醒自己生活方式已經變調的紅色警示。你必須馬上注意到這個信號，進行調整。

只不過，有時候人卻會閃避焦慮這種紅色警示。

焦慮會伴隨自以為是的想法。

舉例來說，很多人都有莫名的迷思，認為某些職業很高尚，某一類的職業很庸俗。找工作的時候，也會自以為是地認定哪些是好公司，哪些是爛公司。

焦慮說穿了，就是在生活中無法做自己而陷入的心理狀態。換句話說，焦慮的人沒有按照自己的方式過生活，長久以來，每天都在強迫自己做不適合自己的事情。

有些人出生在父母感情和睦的家庭，在愛的包圍下度過每一天，但也有人一輩子飽受虐待。

還有人是在威權主義的家庭中長大，始終認為某種職業才理想，某種職業並不符合期待。於是一直深信家裡灌輸的一切才正確。

服從威權的孩子無法解決威權與自我內心產生的矛盾。孩子服從父母後，必須付出的代價就是放棄個人的堅定信念與一致性。而且這些孩子不會察覺這項事實，就這樣長大成人。

服從的結果，會使人意識到穩定感，但在無意識中，卻會對威權產生敵意。隨著意識與無意識出現衝突，內心會經常流露出焦慮情緒。

因此如前文所言，重塑人格能檢視自己的價值觀，是非常重要的一件事。

焦慮就是一種紅色警示，所以當你感到焦慮時，就要提醒自己「出現紅色警示」。

想想「發生什麼事了？」「是不是對什麼事誤解了？」「請你想想看現在對什麼事有誤解」就是一種焦慮，這也是為了讓自己改變生活方式的警示。你會發現，如果能在此時改變自己的生活方式，人生將充滿無限可能。

從這層意義上來說，焦慮也會是一個大好良機。

## 成功者的憂鬱症

如果生長在威權主義的家庭中，一個人長大之後就會烙印上這樣的價值觀。威權主義的觀念會深植人心，這並不是當事人的錯。因為從他出生的那一刻起，就是這樣被教育，從小一直學習這樣的價值觀長大成人。

「事業得意，情場失意」（Success in business, failure in relationship.）這句話也常出現在英文的論文當中。

即便是生長在這種威權主義的家庭裡，有些固執成見的人，還是會在事業上功成名就。努力做著自己不擅長、不適合自己的事，有時還是會獲得成功。

只不過，這樣對當事人來說是非常痛苦的事情。所以，才會出現成功者的憂鬱症。

對一個人來說，許多生活方式都很重要。在這些不可勝數的生活方式當中，只要選擇最適合自己的生活方式即可，我們卻總是深信「只有這種生活方式」。

## 莫名的不滿

「現在的工作好像不太適合」、「莫名感到焦慮」。

會有這種感覺的人，就是在自己沒有意識到的地方出現問題了。

心事重重的人在心理上無法獨立自主，總是會莫名感到焦慮。儘管只要做自己能力所及的事，在自己做得到的範圍內盡力，就不應飽受莫名的焦慮所苦。

試圖做出超過自己能力上限，而將生活推向極限的話，內心就會產生衝突，反而會妨礙獨立自主。於是會因為無法獨當一面，而產生焦慮。

了解自己能力有限，分工合作成就團體生活並一同面對困難，重視過程而非目標的話，就會有辦法堅持到最後。

有些人會對這個世界以及每一個人抱持莫名的敵意。

有些人還會感到莫名的不滿。

同樣也會出現莫名的焦慮。

壓抑充滿敵意的情緒，同時飽受莫名焦慮所苦的人，即便以「修行」為名目，試圖藉由打坐鍛練自己，卻只會造成性格扭曲。

與其如此，當務之急應是釐清自己為什麼會感到焦慮，找出這個原因。

凡事一板一眼的人，往往會萌生克服自己弱點的想法，而傾向於修行。

雖然修行也很重要，但是更重要的是，盡己所能貢獻社會的人生態度。

鍛鍊自己的想法只要走錯一步，事實上便很有可能變成逃避，而非自我鍛鍊。重要的是，要知道自己擅長哪些事，不擅長哪些事，勇於面對困難的態度。

據說愈焦慮的人，愈會四處蒐集祈禱考試合格的護身符。這應該就是內心衝突藉由四處蒐集護身符的方式表現出來了。

第四章

# 偽成長
# 與隱藏的敵意

# 模範生的犯罪事件

我想探討一下，馬斯洛提出的「偽成長」一詞有何涵義。

成長當然是件好事。只不過，在成長一詞前頭還加上了「偽」這個字。所謂的偽成長並不是真正的成長，而是虛假的成長。捨棄無法被滿足的欲望，藉此達到虛假的成長。

舉例來說，小孩子都會有各式各樣的欲望。但是假設這個孩子對父母言聽計從，完全克制這些欲望，而且就算自己的欲望並沒有獲得滿足，他卻深信一切好像得到了滿足。這樣就是偽裝自己。

當學生的犯罪行為驚動社會時，電視或報紙等新聞報導有時會提到，「他曾經是名模範生」。甚至是謀殺陌生人的犯罪行為，有時也會描述成「模範生」所為，真的令人十分震驚。

根據父母及校方表示，該名學生從不遲到缺席，這樣確實可以稱作是模範生。

只不過，這名學生其實是偽成長。乍看之下感覺已經長大了，但是內在卻完全沒有成長。

馬斯洛用「立足於極其危險的基礎之上」這句話來形容這種現象。

在社會上看似一帆風順，十分適應社會的人，事實上，他們都是「立足於危險的基礎之上」。

偽成長的人，拒絕內在的變化。因此，他們的眼界當然也會十分狹隘。

## 偽成長之後會如何？

前文提過模範生的犯罪事件，就是偽成長的例子，不過中高齡者的自殺問題，也可以從偽成長的觀點深入探討。

仔細想想，所謂的中高齡者，也許可說是最賢明的一代。他們的年齡增長不少，人生中累積了相當多的經驗。

而且像我這樣的高齡者，尚未出現手腳開始不靈活的狀況，身心應該都是屬於最成熟的狀態。

中高齡者是拼命工作的一代，但是能力不足以克服困難的話，在社會上看似負責任的人，有時也會突然自殺。

這些人的努力，也許只是為了讓自己看起來比他人優秀的展現。這種偽成長，已經轉換為變得不幸的努力。所以不想變得不幸的話，必須停止這樣的努力。

這世上有許多人，一直都在努力變得不幸。想要贏過別人，於是試圖在討厭的工作上強行成長。這種人的警戒心很強，往往會難以和他人產生情感交流。

美國ＡＢＣ新聞節目曾經播出藥物的專題報導，當時提到用藥物自殺的小孩子多為「最聰明的少年」（Best and Brightest）。

內容指出，這些孩子都是因為藥物攝取過量而死亡。

即使外表上看起來是「最聰明的少年」，但是這些孩子的內心卻是痛苦得不得了，無法滿足自己真正的欲望。完全就像前文所述，正處於危險的基礎之上。

他們從小就是被這樣教育著，深信這就是最好的方式。表面上看起來非常聰明，其實他們只是努力做不喜歡的事情。所以，才會痛苦到用藥物來解脫。

比起日本，美國更容易取得藥物，所以才會忍不住沉溺於藥物之中，不知不覺中導致死亡。

## 坦白說人生無法變得積極

偽成長的人，是實存（existence）的欲望無法獲得滿足。從社會上的角度看來，他們似乎已經十分成熟，但是實存的部分卻是一片空白。

說到生存，通常意指飲食、睡眠。另一方面，實存則意指生命的意義、人生價值或生命能量等等。

偽成長的人，總是會對這些部分感到不滿。

縱使他們十分適應這個社會，卻會在防衛本能衝動上遭遇挫敗，而對自己感到疏遠。

表面上十分優秀，實際上人生並不積極。內心深處懷抱著強烈的自卑感，只是外表看起來對人生不失望的樣子。

奧地利的精神科醫師弗蘭克（Frankl）說過下述這段話：

「現代實存方面的欲望無法獲得滿足已經非常普遍——許多人質疑自己的人生意義，看不見自己的價值。」

「弗蘭克表示，徒勞的努力而沒有目標及目的，就是實存方面的欲望無法獲得滿足。生活頹廢空虛，內容毫無價值與意義。」

——《神經質之理論與治療II　弗蘭克著作集5》，維克多·弗蘭克著，宮本忠雄、小田晉、霜山德爾譯，Misuzu 書房，135頁

美國的心理學家大衛·西伯里（David Seabury）主張，「人類只有一個義務。我就

**是我。並無其他義務。只是你覺得有而已。」**

然而偽成長的人，他們總是致力於引眾人注目，卻一直在逃避人生真正的義務。

「並無其他義務。只是你覺得有而已。」誠如這句話所言，偽成長的人以為的義務並非義務。他們只是欠缺面對考驗的勇氣。

「對自己感到疏遠」，指的是自己不像自己的感覺。這種人成為父母之後，對待孩子會採取極端的威權主義。覺得這麼做才是愛孩子的父母，不過是一種執著。只是將執著美化成了愛。

迴避面對真實自我的危險，就會出現喪失存在感、實存方面的欲望無法獲得滿足以及心浮氣躁等等，這些所謂焦慮的人會出現的症狀。

坦白說就是因為不幸，因此內心才不希望別人得到幸福。

所以才說「我就是我」是唯一的義務，這種人才會真的希望別人得到幸福。但是無法活出自己、對自己感到疏遠的人，會因為別人的不幸而感到開心。

例如嫉妒，就是對自己感到疏遠的人內心會出現的想法。

前文已經提過，察覺自己在無意識中的敵意是非常重要的一件事，察覺後將使你開始擁有真正的幸福。

## 無意識追求也無法消停的欲望

將撒嬌視為壞事，愈是加以排斥於意識之外，撒嬌愈會從無意識中支配這個人。其實排斥僅僅排除於自我意識之外，並不會從身上消失。

在偽成長的人心中，童年願望會被迫分離，在無意識下遭到驅逐。如果在無意識遭到驅逐後就此消失的話，人活著就不會這般痛苦了。

但即便遭到無意識地驅逐，童年願望並不會消失，而是一直存在。而且被驅逐的一切願望，將反過來支配這個人。當事人的人格會處在無法統合的狀態，意識與無意識才會出現背離。

想知道一個人的心理健不健康，透過這種人格的統合狀態即可知曉。也就是意識與無意識是否統合，還是出現背離。

意識與無意識背離的人在無意識中，潛藏著從正常人格中分離出來的重要欲望。只要無法意識到這些欲望，將人格統合，這種人就會一直處在極為不穩定的狀態。

而且當人格呈現極度不穩定的時候，就會在焦慮驅使之下，因為無關緊要的小事便勃然大怒、因為芝麻小事便心情沮喪、總是怨天尤人，永遠都無法有所作為。

無法意識到與人格分離開來的欲望，將一直存在內心深處。想要擺脫焦慮，就必須針對這點思考如何解決才行。

最重要的是，要意識到無意識間存在於內心深處的想法，與人格統一整合。

# 從接納不幸做起

舉例來說，請你想像一個政權裡存在意見完全相左的強大在野黨。這種狀態下的政權會極度不穩定。人格也是一樣，當一個人心中擁有完全不同的想法，就會呈現非常不穩定的狀態。

就像有些人會讓人覺得很不自然，他們會笑得很浮誇，表現出非常開朗的模樣，明明很膽小卻裝作很勇敢，也會瘋狂讚美他人。然而乖孩子在日後可能會家暴，變成犯罪者，和偽成長是一樣的道理。

為什麼會有偽成長的情形，再爭論也無濟於事。

正如我多次重申，有些孩子會出生在不用偽成長的家庭裡，這些人在成長的過程中，父母會設想「這個孩子適合什麼」、「這個孩子擅長什麼」。

但在另一方面，有些孩子則會在完全不會考量這一切的家庭中長大成人。

還有許多父母在養育孩子時，將他們當作成雪恥的工具。因為這些父母在社會上無法出人頭地，達到他人的期望，於是想藉由孩子的成功讓別人對自己刮目相看，而不考慮到孩子的適性發展。

重要的是，請你接受命運，並且好好思考自己該如何生活。

誠如西伯里所言，「要接受不幸」。如此一來，你就會明白你應該要做什麼。

「因為我出生在這樣的環境。」

「那傢伙（和我不一樣）的父母有想過孩子的適性發展，讓他過著適合自己的人生，也拼命地鼓勵他。」

「從小開始，我一直被灌輸某種價值觀而長大成人。也許這就是不幸的開始，無可奈何。」

「所以，才要接受不幸。」

像這樣接受不幸之後，接下來，你就會明白自己應該怎麼做。

## 造成焦慮的基本衝突

關於焦慮的原因，卡倫・荷妮認為是「基本衝突」（Basic conflict）。如前文所述，一個人會追求成長也會渴望退化，既獨立也依賴，這種情形會在心中不斷出現衝突。換句話說，就是一個人不但有神的一面，也有惡魔的一面，這種情形就會產生衝突。如果只有神或是只有惡魔的一面，人類就不會吃盡苦頭。只不過，人都會同時具有神與惡魔的雙重面向。

容我重申，基本上我們都是充滿衝突的。就像追求成長與渴望退化、追求獨立與渴望依賴一樣，在我們心中一直存在正反兩面的欲望。

這個問題如果容易解決的話，根本不會有人感到焦慮。不但不會出現前文所述的意識與無意識的背離，而且人格會統一整合。

但就是因為人格無法統合才會出現「基本衝突」。弗羅姆（Fromm）甚至還提到「無法解決的衝突」（unsolvable conflict），也就是當事人也沒有意識到的隱藏敵意。

這個問題若沒有解決，便無法與人心靈相通，產生情感交流緊密連結。

## 缺乏基本安心感的人會與世界為敵

誠如前文所言，在我的個案當中，曾有一名妻子提到「丈夫動不動就會生氣，根本無法溝通」。此外也為大家說明過，生氣是因為焦慮的關係。

這也是「基本衝突」所導致。如果沒有解決這個問題，便無法擁有穩定的生活。當父母對自己孩子的期待，與孩子天生的能力有落差時，孩子為了回應父母的期待，便會產生衝突的焦慮。

西伯里主張，「人類只有一個義務」、「我就是我」、「並無其他義務」。然而有時我們會深信，父母對我們的期待和我們不同。

而且我們不得不迎合父母的想法，因此周遭的環境與自己之間的關係，就會變成充滿敵意的世界。

一個人要生存下去，本來就是非常不容易的事情。如果是其他動物，就不會有這麼多煩惱。

最近育兒支援的話題沸沸揚揚，但是其他動物不用了解育兒支援這類資源，也能好好撫養孩子。可是唯獨人類，每一個人的個性及適合的做法不同，因此育兒才會變成一大難事。

這點我也要再次重申，有些父母會考量到孩子的適性發展，但另一方面，有些父母卻完全不會這麼做。當父母對自己的期待和真實的自己不一樣，於是你試圖讓自己變成另外一個人的時候，便會因此產生焦慮。

而且當你試圖迎合父母的想法，誠如前文所述，周遭的世界就會變成充滿敵意的世界，所以社會便會與自己為敵。

有些父母可以接受孩子真實的樣貌，得到基本的安心感，有人卻無法如此。當你擁有了基本的安心感，你就可以做自己，並由衷地感到快樂。

你不必成為別人口中「不敢相信如此優秀的孩子會嗑藥」那樣優秀的青少年，你只要擁有這種安心感，你就能勇於面對人生困難，快樂地做自己。

缺乏基本安心感、真實自我不被父母接受的人，才會一味看人臉色。無法為做自己而感到真的開心，結果導致心理衝突，所以才會處處看人臉色。

進而導致無法培養出克服困難的能力，試圖藉由服從與依賴他人度過難關。

會為了某些問題而擔心不已的人，其實他擔心的並不是問題本身，而是在最基礎的部分，對於自己賴以為生的世界感到焦慮。

「為什麼要為那種無關緊要的事發脾氣」、「為什麼因為那種微不足道的事心情沮喪」，前文提過的這些情形，歸根究柢是對自己身處的世界感到焦慮。

如此你會一直覺得世界與你為敵，讓自己身處於敵陣當中。

相較於過去，現在日本的社會環境生活無虞。但是為什麼繭居族卻與日俱增呢？

並不是他們的能力有問題，他們也具備充足的工作能力。

儘管如此，卻還是有人沒辦法工作，這些人沒辦法在社會上、需與人交流的環境中工作。他們不懂得如何建立人際關係，只是一味提升工作能力。如此在社會上生活根本毫無意義。

這是最基本的焦慮，感到自己生活在不容許做自己的世界裡。

## 成長過程中認同自己的人，與無法認同自己的人

「精神官能症患者會強迫對方順從再毀滅對方。」

書中經常提及的卡倫·荷妮說過這麼一句話。

這裡提到的「精神官能症患者」，其實意指「精神官能症的父母」；還有文中提到的「對方」，指的就是「小孩子」。

但是會用「精神官能症患者會強迫對方」這種以眾人為對象的說法，是因為這種情形不只能套用在親子關係，也適用於戀愛與夫妻關係。

在夫妻關係中，精神官能症的丈夫會強迫妻子順從。關於毀滅妻子的部分，指的則是不認同妻子的個人想法。

順從的孩子，常常會覺得自己生活的世界充滿威脅。一直處於焦慮害怕的狀態。一旦覺得世界充滿威脅，就會為了保護自己而敏銳察覺他人的欲望，試圖回應對方的期待。這就是錯誤的開始。

想要在危險的世界裡保護自己，是因為無法認同真實的自己。無法真正做自己、不容許真實自我的存在，所以理所當然會覺得周圍的世界備感威脅。

可說現代人有多麼在意他人眼光。

關於焦慮的症狀，諸如「要是失敗了該怎麼辦？」「如果說出這種話周遭的人會怎麼想？」，各式各樣焦慮的症狀都已經為大家介紹過了，其實焦慮的原因就是因為這一點。

換言之，你會感覺周遭的世界充滿威脅，其實是因為你無法認同真實自我。在成長過程中能夠認同自己並做自己、與無法認同自己的人，這兩種人完全無法理解對方的想法。

在成長過程中能夠認同自己並做自己，為成為自己而感到開心的人；與無法認同真實自我，被迫順從導致心靈毀滅，覺得世界充滿威脅的人，這兩種人會難以理解對方，是理所當然天經地義之事。

正因為如此，所以才需要學問。學歷無法拯救一個人，但是知識可以拯救一個人。為什麼人們能夠對事物有不同的看法，因為我們可以對彼此提出說明。大學學歷不見得有幫助，但是學習焦慮的相關知識，這些知識卻能拯救你的人生。

# 正確面對焦慮

齊克果（Kierkegaard）曾說過，「不安為自由的可能性」、「**學會正確面對焦慮的人，就是學到最棒的知識**」。

——《自我焦慮的構造》156頁

然而你愈焦慮，卻愈是緊抓住這些焦慮的話，就是因為你對焦慮並沒有正確的了解。因為愈是感到焦慮，愈會深陷於現狀之中。

除此之外，有些人還會依賴占卜等方法。

一個人的心理衝突是與生俱來的。

關於這點，西伯里曾質疑：「為什麼人一定要如此心事重重呢？」而且這種情形就是表示，你已經放棄做自己了。

假如小鳥想過著鼴鼠的生活，一定會深陷焦慮。同理可證，人會感到焦慮的時候，就是當你在做一些事情卻感覺不自在的時候。

誠如前文所述，當做了讓自己感覺不自在的事情，才會變成這樣，就是因為你已經放棄做自己了，才會有這種感覺。

所以，仔細想想為什麼你已經放棄做自己這件事，你就會領悟齊克果口中的「學到最棒的知識」。

## 單靠社會化的發展無法擺脫焦慮

說到這裡，結論就是焦慮為一種警訊，提醒你某些生活方式出問題。

另外還為大家說明了偽成長的問題。

所謂的偽成長，就是在成長過程中遭遇到挫折。乍看之下，這種人似乎十分能夠適應社會，但其內心實存的欲望，卻無法獲得滿足。

你不可以拿自己與周遭做比較，你必須從自己的能力、感興趣的事以及目標等各方面深入挖掘，並關注自己。

當你在內心最深處發覺自己的人生「不屬於任何人」的時候，一定會感到焦慮。我們必須隨時確認，人生是屬於自己的。

我們會在不知不覺中，將自己社會化的發展視為自己個人的成長。但是社會化的發展與做自己不可混為一談。

我們一定要時刻明白一點，自己的人生是自己的，不要看別人的臉色做決定。

埃里希．弗羅姆（Erich Fromm）說過：「先天內向的人，不是非常害羞、作風保守，就是消極又缺乏判斷力的人；否則就是直覺非常敏銳的人，比方說可能會成為優秀的詩人、心理學家或醫生。不過這些人會變成反應遲鈍、頭腦簡單的『能人』，這種『現實中的可能性』完全不存在。」

——《The Heart of Man. Its Genius for Good and Evil》，埃里希．弗羅姆著，鈴木重吉譯，紀伊國屋書店，190頁

但若欲望無法得到滿足，並且在父母掌控下長大成人的話，就算是「先天內向的孩子」，也可能會在任人擺布下順利被培養成「能人」。

於是才會出現神經質、成癮、憂鬱症、失眠或自律神經失調等症狀，患上各種無法想像的心病。

這些人總是心浮氣躁，也可能總是面帶愁容。

無法自我實現的憤怒，在心底熊熊燃燒著，莫名其妙的怒氣，如積雪般不斷囤積在心底。當事人無法理解的憤怒、敵意與憎恨日漸擴大，無意識的怒氣造成當事人的焦慮。

馬斯洛認為：「**當一個人犯下違背本性的罪行，毫無例外都會在無意識中留下記憶，挑起自我輕視的念頭。**」

——《Toward a Psychology Of Being》，亞伯拉罕．哈羅德．馬斯洛著，上田吉一譯，

誠信書房，20－21頁

誠如馬斯洛所言，自我輕視的念頭確實會在無意識中留下記憶。無法察覺到自我輕視。雖然自己並未意識到，卻會對當事人造成大範圍的心理影響。

# 不了解真實的自己

所以在自己的人生中做自己的時候，縱使旁人看來是痛苦的，卻不會遭受精神官能症焦慮或恐慌所折磨。

但是無法做自己的時候，就好像雙腳沒有著地，飄浮在空中一樣。

現實的自我已缺乏真實感而陷入自我迷失的話，當事人也無法掌握自己的極限。找不到適當的目標，即使以虛榮心再次勉強自己，凡事也只會一波三折。

因為不了解真實的自己，人生也就無法朝著適當的目標前進。

當你無法接受自己真實的模樣，一定會感到焦慮並迴避困難。而且人只要變得焦慮，接下來便會陷入不了解真實自我的惡性循環當中。

活出自己的人，就會勇於面對困難。懂得「這裡就是自己的極限」，並能接受這個事實。

最終，你才能培養出克服困難的能力，而且絕不會對自己的極限感到自卑。因為你會為做自己而感到驕傲。

「我並不是那樣的人。」

西伯里說過這樣的一句話：「期待天鵝發出悅耳之聲，那就是一種錯誤的期待。」天鵝之姿確實賞心悅目。所以人只要看見天鵝，就會期待天鵝發出悅耳之聲。不過西伯里的意思是說，如果你想聽見悅耳之聲，你期待的對象應是夜鶯而非天鵝，所以期待天鵝發出悅耳之聲就是一種錯誤。

會感到焦慮的人，就是努力想回應那種錯誤期待的人。朝著不適當的目標努力不懈，便會備感焦慮。雖然很努力，卻沒有培養出克服困難的能力。

無須理會他人的期待，專注於個人的潛在能力，不要逃避困難。將困難視為自己成長的機會。這樣的人在遭遇困境時也不會對自己感到失望，還能讓自己培養出勇於面對困難的能力。

# 第五章

# 焦慮與憤怒的密切關係

# 焦慮即是隱藏的憤怒

到目前為止，我已經為大家說明了焦慮的心理普遍可見，但事態嚴重。為什麼會說事態嚴重呢？因為焦慮會導致其他感受無法發揮作用。阿德勒曾提出攻擊性焦慮的說法，有時候焦慮會被巧妙隱藏起來，從表面上看不出來。

現代是一個焦慮的時代，只要收看每天的新聞，任誰都明白這點。諸如家庭暴力、職權騷擾、霸凌或虐待兒童……存在各式各樣的問題。

我曾說過，在這些現代問題的背後，會發現強烈且普遍的焦慮心理。

此外，我也根據這種焦慮的心理，詳細解說了這方面的原因。

誠如前文所述，焦慮的原因之一就是隱藏的憤怒。因為當事人將無法察覺到的憤怒逐出自己的意識，這種無意識的憤怒才會引發焦慮。

將憤怒逐出自己的意識，只是不會意識到憤怒的情緒，並不代表這種情緒消失了。

當事人雖然沒有意識到，卻會因為無意識中的憤怒導致言行舉止或情緒受到影響。

## 第五章

## 焦慮與憤怒的密切關係

焦慮就是隱藏的憤怒，因此會感到焦慮的人，人格上都會出現矛盾。

在思考焦慮的原因時，首先必須了解這一點，焦慮與憤怒的關係非常密切。

前文已經說明過，焦慮的人總是覺得自己不是自己或不像自己，不會為自己感到開心，自己的人生一直在扮演別人。

假設鼴鼠會像老鷹一樣在空中飛翔，或假設猴子會像魚一樣游泳。動物並不會做出如此愚蠢的假設，但是人類卻會像這樣試圖扮演不像自己的樣子。

在意他人眼光，於是扮演別人眼中的自己、讓自己不像自己，這也是焦慮的原因之一。

# 喪失面對的能力

齊克果曾說過，「學會正確面對焦慮的人，就是學到最棒的知識」，能夠正確掌控焦慮這種強烈的情緒，你就學會了人生最聰明的生活方式。

正確理解焦慮對一個人來說意義重大，所以我將會繼續為大家說明焦慮的原因。

歸根究柢，人為什麼會變得不像自己呢？

烏龜只要慢慢爬就行了，根本沒必要和兔子賽跑。

唯獨人類會在意他人眼光，想要被人喜歡、被稱讚、渴望愛情、希望被眾人認同，所以才會扮演得不像自己。

等到自己再也受不了，扮不下去的時候，便會陷入焦慮。

從這點來看，其實焦慮是自己的意識與無意識出現背離，而且有時候還會在身體上出現各式各樣的症狀。這種情形稱作「體化症」，當一個人扮演得不像自己的時候，身體就會出現偏頭痛或大腸激躁症等症狀。

為了扮演別人眼中的自己，意識與無意識出現背離，這種情形甚至會對身體造成影響。

舉例來說，有時候明明不開心，卻為了讓別人喜歡自己而說自己「很開心」。類似全家人去家族旅行，小孩子並不覺得好玩，甚至感到很痛苦，但是為了討父母歡心，於是隱瞞自己的心情說「很開心」的時候。有些人就會像這樣，拼命地向自己說謊。

與此同時，還會勉強自己扮演一個非現實卻符合理想的自己。人會為了讓自己安心而勉強自己，讓別人看到比真實更優秀的自己，所以才不得不扮演「非現實卻符合理想的自己」。因此，自己會和別人做比較並付出許多努力，但是這些努力根本毫無意義。

本來透過努力，發展自己的長才是很有意義的，但是當這樣的努力如果不是為了積極面對人生課題，也非為了使能力開花結果，用錯方向，反而會剝奪你面對挑戰的能力。

## 無法活出自己的悲劇

一個人本來就要「在必經過程後人格才會逐漸成熟」。針對這點，英國的精神科醫生鮑比（Bowlby）在二十世紀時，就已經提出「在必經過程後人格才會逐漸成熟」此一說法，「是在上個世紀經過證實的論點」。

但是，誠如我前文重申多次，有些人出生的環境可能如此，有些人卻無法如此。有的人出生在被愛包圍的環境當中，成長過程一直受到父母鼓勵，長成獨立自主的人，有的人是在飽受虐待下成長，還有人從小到大，一直被要求做不適合自己個性的事情。

依據美國精神科醫生沙利文（Sullivan）的說法，「焦慮是在『顧慮』（apprehension）時產生的情緒，也就是幼兒擔心在人際關係的世界裡，無法得到重要人物的認同。在能夠有意識地認知之前，當幼兒感受到母親的反對意見時，就會讓他們出現嚴重的焦慮」。

「自我的形成，始於你必須將被認同的行為，與不被認同的行為做出區別。」

——《焦慮的人類學》118頁

總之沙利文想表達的是，當自己在意識到之前，就已經感到焦慮了。

雖然現在沒有這樣的觀念，不過以前只要女孩子一出生，周遭的人和父母都會說，「如果這孩子是男孩就好了」。

自己明明身為女生，大家卻說「如果這孩子是男孩就好了」。

曾經發生過一個真人實事，有一個女孩讓自己舉手投足像男孩一樣，結果父母覺得很開心，於是她不再玩洋娃娃或女孩的遊戲，總是去爬樹玩男孩的遊戲。

後來她也沒去上女子大學，而是進入男女混校的大學，明明自己不喜歡，卻因為覺得適合男生而進入土木工程學系就讀，就這樣一路念到了研究所。

總而言之，就是把自己當成男生在過生活。結果這名女性後來念研究所時，竟罹患了精神官能症。

如果是在成熟的環境之下，人格本來就會在必經過程之後逐漸成熟。但是問題在於她並沒有出生在這樣的環境裡。

## 明明就很努力了，世界竟與你為敵

會焦慮的人，人格並沒有在必經過程之後逐漸成熟，而是在某個階段遇到問題後，就此停止發展。

離開父母獨立是個普遍存在的課題。佛洛伊德也說過，「**戀母情結是人類共同的課題**」。

人格沒有在必經過程後逐漸成熟的狀態，就是指完全沒有解決這種第一階段的戀母情結，以及樹立青春期同一性的課題，在這種情況下無法活出自己，就這樣社會化後逐漸長大成人。

雖然在社會化、肉體上逐漸長大成人，但在心理上卻止步於某個階段並未成熟。因此有些人在社會化、肉體上變成大人，心理上卻是像三歲、五歲，甚至幼稚到像嬰兒一樣。

這樣的人，通常會感到極大的焦慮。

從小到大的人生中缺少必經的成長過程，因此當事人才會一直感到基本焦慮。所以這輩子在面對充滿潛在敵意的世界時，總是會感到焦慮而心生恐懼。

有一個名詞稱作「被害妄想」，我認為在日常生活中，「被責妄想」的影響遠大於「被害妄想」。不是「被害」而是「被責」，也就是自己被人責備的妄想。

因為真實的自己無法被人認同，於是一聽到「這個你做不到嗎？」「不能交給你做嗎？」便深信自己被人責罵了。

被責妄想的人明明自己沒有被罵，卻深信自己被罵了，所以一邊努力一邊將世界當成敵人，讓自己活得愈來愈痛苦。

和別人聊天，聽到別人跟自己說「你應該先這麼做」，便以為別人的意思是「你沒做這件事真的很差勁」，覺得一切都是在責怪自己。

如此一來，當然不可能真的達到正常的發展。

## 回到家就變一個人

我們都是在共同體中不斷成長，但是焦慮的人卻會在共同體中獨自感到挫折連連。無法達到正常的發展，覺得自己的四周環繞著敵意。

為了在這樣的敵意當中確保自己的安全，他們除了誇耀自己的能力，說自己「很厲害」、「很強」之外，別無他法。

除了比別人優越，沒有其他方法保護自己的安全，所以自己會在內心形塑出萬夫莫敵的形象，緊守著這種形象。

這樣的人，在心理上完全不會成長。不過在社會化、肉體上會成長到四十歲、五十歲，因為資歷而在公司裡變得德高望重。

然而他們一回到家就變了一個人。變成妻子口中「在公司和在家裡判若兩人」的狀態。完全就像瑞士的法學家、作家希爾蒂（Hilty）所形容的，**「在外是綿羊，在家是野狼」**。

追求優越感的努力，與培養團隊意識，本來就是兩回事。愈是追求優越感，在內心最深處的地方，愈會感到孤獨而使人愈來愈焦慮。

所以，我認為焦慮的首要原因就是隱藏的敵意，第二個原因則是無法做自己，本質上是息息相關的，完全無法分離。

## 倒不如變成惡魔

焦慮的人心理上無法成長，所以他們的特徵就是對父母，或是對周遭有很強的依賴心，而且多數都會對周遭抱持過度的敵意。

意思就是說，由於依賴心很強，所以會向對方提出各式各樣的要求，例如「請別人幫自己做事情」、「希望別人如此對待自己」或「想要別人如此稱讚自己」。

然而在大人的世界裡，這種幼稚的心願並不會實現。於是乎而產生敵意。這種人總是很難做一個真誠的人。

西伯里說道：「**如果無法做自己，不如變成惡魔。**」

——《擺脫內心煩惱》，大衛．西伯里著，加藤諦三譯，三笠書房，154頁

應該無人不識惡魔。但是焦慮的人，並不知道自己就是惡魔。因為他們是在毫無察覺的情況下變成了惡魔。

以家庭暴力為例，無論是對妻子動手動腳的丈夫，還是會拿刀砍殺丈夫的妻子，根本不會想到自己就是惡魔。不僅如此，他們甚至會覺得自己已經如此努力付出了，「對方為什麼會那樣」。不認為自己是惡魔，只是在模仿惡魔會做的事。

西伯里說過，「如果無法做自己，不如變成惡魔」，這句話聽起來好像說得過分了，其實一點也不過分。

在人生中無法做自己時產生的焦慮心理，坦白說不僅很可能左右這個人的一生，還會使身邊的人墮入地獄。

若能察覺到這點，想到「自己過去這一生，完全無法做自己」，進行人格重塑的話，情況就會不同了。

如果無法做到這點，這個人未來將會以各種方式走投無路。不但會出現反社會行為，也可能出現家暴，甚至在公司裡使出職權騷擾，以各種方式製造問題。

## 察覺自己受困於過去

小時候不被周遭人認同，就這樣長大成人的人，首先必須意識到你身處的環境已經和小時候不一樣了，再展開人格重塑。

現在你已經生活在與小時候完全不同的環境裡，如果心情還是和過去一模一樣的話，那就是因為你的心還停留在過去。

現在發生的事不能當作是現在的事，因為時常會像觀賞過去的影片一樣，重溫過去的體驗。

所以變成大人之後，儘管在現實中被周遭的人認同，自己心中卻一直覺得無法接受。如果無法意識到這點，這樣的矛盾將會左右你的一生。

前文提過，變成大人之後會感到焦慮就是一種警訊，提醒你「某些生活方式出問題了」。

如果自己或是周遭的人，符合焦慮的心理現象或狀態的話，就是意指這個人從小到大生活的世界已經改變，但是自己卻沒能改變。

缺乏基本安心感的人，都會害怕被人拒絕後感到孤單，於是會顧及對方的臉色更甚於自己的需求。為了避免孤單，想讓對方接受自己，於是明明是隻貨真價實的兔子，卻讓自己活得像隻老虎。

除非你察覺到只有身體有別於小時候，心靈卻如既往的事實，否則這種感覺一輩子都不會改變。

## 敵意與焦慮緊密連結

沙利文曾提到，「母親不只在基本上滿足幼童身體方面的需求，母親也是幼童安全感的根本來源。」

母親與孩子在沐浴時彼此肌膚接觸情感交流，除了能讓孩子滿足肉體上的欲望，據說也能讓內心的欲望得到滿足。

反之，如果缺乏這樣的交流，不管是身體上的欲望還是心理上的欲望都無法獲得滿足，因此會開始感到焦慮，在人格中產生衝突。

專門研究兒童的專家，並留下許多傲人成就的鮑比也提到，「**如果會向所愛之人存有身體方面的敵對衝動，證明焦慮明顯擴大**」。

敵意與焦慮息息相關，各種人際關係從小就會對此造成影響，而且密不可分。

因此，發現對方出現焦慮的症狀時，可想而知對方從小在成長的過程中，遇到過各式各樣的問題。

已經談過了孩童的例子，其實戀愛也是一樣。譬如會焦慮的女性一旦墜入愛河，就會開始懷疑對方可能會喜歡上其他女性。

對人格成熟的人來說也許會覺得很奇怪，但是焦慮的人從小就無法相信別人，所以會出現這種感覺並不意外。

成長過程中沒有能夠相信的人，這種人在社會化、肉體上變成大人之後，就算別人跟他說「你絕對可以相信這個人」，還是沒有任何幫助。無論如何他們就是會出現「這個人可能會拋下我」的想法，無法冷靜下來，一直疑心疑鬼。

不只是戀愛，工作也是一樣。他們會工作到過勞死為止，為什麼會過勞，就是因為他們感到焦慮，覺得「只要更努力工作，自己就不會被人解僱」。他們從小就是一直受到這樣的對待，所以心裡才會有這樣的感覺。

# 試圖藉由贏過他人讓自己安心

前文已經談過消費社會所帶來的影響，這種文化也和前文提到的焦慮與敵意息息相關。

中世紀文藝復興之後，整個社會文化開始轉變，重視超越、贏過別人。在文化潮流帶領之下，超越別人、克服困難、拔得頭籌並洋洋得意似乎已經被人當作是一種自我實現。

現今的消費社會當中，我們就是活在這樣的文化裡。因此出現了一種人，當他們家庭不幸福時，便會誤以為超越他人就能讓自己感到安心。

本來能透過與人相處，和人情感交流獲得安心感，但他們在這方面出現了非常大的誤解，令人感到可惜。

現在是消費社會，也是競爭社會。從小無法在充滿愛的環境中成長的人，過於想要贏過他人好讓自己安心，卻愈來愈難找到沒有敵意的地方。

# 是否有敵意以外的焦慮？

關於焦慮的原因，除了隱藏的敵意之外，當然也有人主張其他原因。首先就是人類從小就有「被人拋棄的焦慮」。

溝通分析的權威威廉・詹姆斯（William James）表示，小孩子最先會感受到的焦慮，就是「被人丟下」、「被人置之不理」、「被人拋棄」。

另外鮑比曾提出「分離焦慮」的說法。小時候與深愛的人關係不佳，例如和母親關係不睦，據說就會引發焦慮。

進一步說明，針對與母親之間的關係，這就是弗羅姆提到的「第一次連結」。一個人在母體內的時候，是完全受到保護的。

宛如身在天堂，但是離開這種天堂般的母體，變成一個人之後會感到孤單，因為完全被切割開來。

對一個人來說，最重視的願望莫過於「保護與安全」，內心渴望別人主動關心自己。但是許多人的父母卻不會主動關心他們，他們必須帶著小時候的焦慮長大成人。

誠如前文所述，想要得到幸福，就不能讓小時候的焦慮永遠相隨。只要童年的不信任感再度出現，任何人都無法建立信任關係。你已經是大人了，所以要找到可以信任的人。這就是弗羅姆所謂的「第二次連結」。缺少這部分的話，人依舊會感到焦慮。

# 第六章

# 逃避焦慮的「消極解決」

## 不知道想做什麼的人選擇消極解決

面對焦慮，有消極與積極的解決方式。

如果可以積極解決就太好了，但是有時候就是做不到。

許多人並沒有積極解決，而是選擇消極解決。與其面對並克服焦慮，他們寧可逃避，選擇讓焦慮暫時從自我意識中消失的方法。

雖然可以暫時逃避焦慮的情緒，但是權宜之計或是一味閃躲，終究不是正確的解決方式。

關於焦慮的消極解決方式，卡倫．荷妮提出四種方法：

1. 合理化——rationalize it
2. 否定——deny it
3. 逃離會感到焦慮的地方——escaping anxiety

## 4. 成癮行為——narcotize it

這四種方法的共同點，就是不知道自己「想做什麼」。

即便是選擇消極解決的人，當初應該也曾經為了克服焦慮付出過努力。只是努力的方向錯誤，所以搞不清楚自己想做什麼，結果才會逃避焦慮。

精神官能症焦慮，起因於當事人無意識中存在的敵意。由於原因就是自己的心理衝突，所以必須以此解決。

但是多數人都不是從自己身上找原因，而是尋求外在的原因。

比方說，試圖藉由超越別人以解決焦慮。

焦慮就是一種紅色警示，表示「你應該要改變生活方式了」或「現在你的人格出問題了」。

此時無視這種警訊，就是一種消極解決焦慮的做法。在此提出的這四種方法，都是大家經常會選擇的消極解決方式，供大家參考。

# 「因為我正在管教孩子」

「合理化」意指因為情緒化痛打自己的孩子時，或是用更嚴重的方式虐待小孩時，卻以「正在管教」孩子為藉口。沒有表現出來的厭惡心情，戴上親情或正義的面具粉墨登場。

在這種情況下，正是讓自己人格變健全的大好良機，思考一下「為什麼自己和孩子的關係會變成這樣？」如果用「自己是在管教孩子」當藉口加以合理化的話，一定無法深入問題的核心。

完全不了解自己真正的情緒，就是精神官能症焦慮。

發生事情時，會引發怎樣的情緒，都會受到這個人的過去所影響。但是面對這個事實應如何處置、針對後來引發的情緒該如何因應，卻是當事人人格的問題。

不只是親子關係。比方說，考生不能實話實說「討厭讀書考試」這件事。

只要能將這件事說出口，自己就會警覺到人格上發生某些問題，而能做出有建設性的處理方式。但是閉口不談「討厭讀書考試」這件事，總是向朋友抱怨：「你為什麼而活？你根本不知道為什麼而活，所以讀書考試一點意義也沒有」，或是大發牢騷：「讀書考試真的很沒意義」，讓整件事合理化。

無法實話實說，甚至不能意識到真心想法。不承認「討厭讀書考試」這件事，不願接受自己的失敗。

## 只是討厭失敗

或者在遭遇失敗時，會說「失敗是件好事」的人也是同樣的心理。

一般會說「失敗是件好事」，僅限於你知道好在哪裡，可以找到自己重生之路的時候。

「發現這些內在因素，將創造出別具洞察力的新靈魂。」

——《擺脫內心煩惱》94頁

拒絕消極解決焦慮的做法，就會通曉積極解決焦慮的方法。

口頭上說著「失敗是件好事」，卻不知道好在哪裡，只是在空口說白話一味逃避。失敗時你會感到不滿、失望而失去鬥志，追究這些心理之後，你要由此找尋自己的重生之路，藉此你才能敗部復活。

「討厭失敗，無法忍受」、「一想到可能會失敗就很焦慮，實在受不了」，你要正視這些心情，從這裡仔細觀察自己的生活方式是否有任何基本錯誤，才能找到真正的出口。

但是將失敗合理化的人，會辯解「失敗是件好事」而一味逃避。我也曾經寫過一本書，談到「樂於失敗」的主題，但是這並不意味著可以不在乎失敗。

而是指避免不了失敗的時候，要將失敗當作一個很好的經驗。

舉例來說，想換新工作的時候，事實上是因為害怕而不敢開始找工作，卻口口聲聲說「會為家裡帶來風險，也會給妻子造成困擾」；明明是自己害怕而心生焦慮所以才不離婚，卻說「為了孩子才不離婚」，加以合理化。

或是不知道如何教育孩子，於是才說「讓孩子自由發揮」。

如果是不知道如何教育孩子，首先要承認這個事實。意識到自己的心靈成長還無法勝任父母的角色，當作一個課題努力克服即可。

但是將不知道如何教導的這個事實，改用「讓孩子自由發揮」這個藉口予以合理化，這就是一種心理障礙。

「讓孩子隨心所欲」這句話是謊言，父母無能為力才是實話。

會說出「讓孩子自由發揮，讓孩子隨心所欲是最好的做法」這句話，就是將無法處理的事情加以合理化。遇到孩子拒絕上學的時候，同樣可以提出這樣的說法。

總而言之，並不是因為自己與孩子溝通不良，而是從朋友及學校找原因。所以是將拒絕上學的原因，替換成外在因素。

歸根究柢，合理化就是阻止你進入煩惱核心的障礙。

一個人愈是感到焦慮，愈會在現狀中不能自拔。困於現狀，才會找其他理由讓自己的說法合理化。

明明你是渴望親情才和孩子相處，卻以操心孩子的說法合理化自己的行為。或是將媽寶行為以孝順為藉口加以合理化。這全都只是在尋找替代性滿足，將依賴關係合理化成親情關係。

## 找出其他原因轉移焦點

關於合理化的行為，還有下述這樣的例子。

過去在美國長期銷量低迷的罐裝咖啡、即溶咖啡，突然間開始熱賣。比起一般的沖泡方式，即溶咖啡更加簡便，所以起初是以「簡單與方便」作為宣傳口號，可是銷量卻完全不見起色。於是改變宣傳策略，將訴求重點擺在「請把時間空出來陪家人」。

結果即溶咖啡便開始大賣了。

這也是一種合理化。事實上大家只是討厭花時間沖泡咖啡，卻難以坦承「因為麻煩所以不喜歡」。因此咖啡廠商提出把時間留給家人的說法加以合理化，讓消費者感到安心。

合理化是焦慮的客觀化。

向外尋求焦慮的起因，卻看不見自己的真心，所以並無法從本質上解決問題。繼續合理化下去的話，自己的內在就會愈來愈脆弱。

而且當內在愈脆弱，用合理化逃避的情形就會愈來愈多。

像這樣透過合理化一直逃避心理衝突的話，你會愈來愈焦慮，變得無法承受現實。

每次合理化時在無意識發生的一切，都會摧毀內在力量。所以一直在合理化的人，就會不斷在無意識付出極大代價。

合理化會使人當下覺得鬆了一口氣，不會意識到發生任何事。雖然這一天會過去，但是對當事人來說未必是他想要的結果。

# 合理化只是藉口

「女兒夫妻感情不睦，很擔心她的未來」，我曾經遇過這樣的諮詢案例。但是實際上卻發現，女兒夫妻的感情很好。這名當事人只是希望女兒夫妻可以更關心他。所以當我建議他「不要介入女兒夫妻的事」，他馬上大發雷霆說：「父母擔心子女難道不對嗎！」這也是父母將擔心子女是件好事的行為予以合理化。所有的合理化，都是焦慮的客觀化。向外尋求焦慮的起因，卻遍尋不著時，就會自己創造出原因。

有些人也會將自己的任性行為，用「我很痛苦」這句話加以合理化。藉口就是「我已經如此痛苦了，這次就原諒我」。

還有一點相當重要，就是合理化會與一個人內在脆弱的程度成正比。當內在愈脆弱，愈會將行為合理化。到處找理由，試圖合理化。

固執己見地說：「如果那時候你沒有那麼做，就不會發生這種事了」，在覺得「自己很棒」的基礎上編造出一個藉口。

# 攻擊的真實心聲

「人會藉由攻擊以逃避焦慮」，羅洛・梅如此說道。

憎恨時常會戴上正義的面具粉墨登場。

恐怖主義只是冒充革命家，不斷使用暴力。藉由攻擊，以逃避各式各樣的焦慮。

誠如前文所述，焦慮與敵意息息相關。一個人在焦慮驅使下的所作所為，事實上是這個人在無意識下的敵意所造成，但是將這些行為合理化之後，會使當事人的內在變得更加脆弱。

容我重申，內在的脆弱程度與合理化是呈正比的關係。透過合理化，也許在當下你會覺得一切如你所願，但是內在的力量卻會逐漸被摧毀。

試著對這世上發生的許多不可思議之事提出質疑：「這是不是在合理化？」你就會看清許多事情。

無論如何，最重要的一點就是合理化會讓內在變脆弱。換言之，就是將惡魔戴上神的面具粉墨登場的行為合理化，意味著合理化會使人格停止發展。

有些律師在打離婚官司時，會戴上律師這張正義的面具，將社會上令人眼紅的對象逼入困境。

舉例來說，女性當事人生活糜爛，只想向前夫要錢。但是前夫在離婚後，一直很努力地過生活。所以是前妻企圖破壞拼命工作，生活幸福美滿的人。

此時的合理化行為，就是以「離婚後雙方生活水平太不公平」為藉口的「正義」。

## 霸凌成癮

成年人持續霸凌別人的時候，心中都懷有高度敵意。因為霸凌通常帶有強迫性。這就是霸凌成癮。明知不可以霸凌，卻停不下來。因為停止霸凌的話，自己反而會覺得很奇怪。

霸凌成癮的人無意識中的龐大敵意，左右著這個人。霸凌成癮的人，只要無法有意識地消化自己無意識中的龐大敵意，到死都會以正義或愛情為名霸凌對方。

說是「為了你好」，苦苦糾纏的人也是同樣的心理。一面表示「我都是為了你著想」，一面又喋喋不休地責備對方。羅洛．梅完全道出這種現象，「**人會藉由攻擊以逃避焦慮**」。

克制嫉妒心，也是家庭中會出現霸凌的起因。許多霸凌者，並沒有意識到自己正在霸凌。

全家人都在說一個人的壞話，讓他在家族間受到排擠。隱藏在排擠行為下的真正動機，就是嫉妒心。但是彼此卻沒有察覺到這一點，只是一直認為「那個人很糟糕」。

但是當一群人心生嫉妒的這名家庭成員十分能幹，而且曾經從這個人身上得到好處的話，大家雖然會排擠他，卻又不允許他離開。

於是，被人嫉妒的人就會患上憂鬱症這類的心病。

西伯里曾說過，「**別讓血親有機可趁**」，很多人都是戴著親人的面具充滿嫉妒。

## 不承認自己的婚姻失敗

第二種消極解決焦慮的方法，就是否定、否認現實。

這就是我們經常聽到的「酸葡萄」故事。大家都知道《伊索寓言》裡，有一隻狐狸說過「那顆葡萄很酸」的故事。

如果承認那顆葡萄很甜、很美味的話，就必須接受自己採不到的事實。所以為了消除自己採不到葡萄的焦慮，於是否定焦慮這種情緒，換句話說就是否認現實。這就是為什麼會將明知道很好吃的葡萄，硬說成「那顆葡萄很酸」。

除了「酸葡萄」的說法，另外還有「甜檸檬」一詞。所謂的「甜檸檬」與「酸葡萄」完全相反，而是堅決主張酸檸檬是甜的。

舉例來說，假設自己的婚姻失敗，婚後生活不幸福。這時看到在高中時期總是針鋒相對的朋友婚姻美滿，一定會感到很不甘心。所以才會表現出「我很幸福」的模樣，絕對不會承認自己婚姻失敗。

或是不喜歡自己現在的工作，覺得「不適合自己」，但是顧及到與周遭的關係，於是硬說「我熱愛這個行業」也是相同道理。所以檸檬明明很酸，卻一直說「很甜」。

實際上自己的人生遇到了某些問題，卻堅決主張「什麼問題都沒有」。否認現實是一種自我價值的防衛心態，避免自我價值感喪失。算是一種自我保護的心態，以免自我價值毀滅。

如此將會剝奪體會生活樂趣的能力。因為這種否認現實需要相當大的精力。

# 前來諮詢孩子有厭食症的父母

例如每次遇到父母前來諮詢孩子的厭食症，我都會問他們：「夫妻關係如何？」「與太太的感情好不好？」「與先生感情好不好？」多數人的答案都是：「感情很好。」事實上夫妻感情不睦，因此導致孩子拒絕上學的案例，他們也會堅稱「夫妻關係良好」。

當孩子拒絕上學的時候，也是這種情形。

每次提問，聽到答案都是「和先生感情很好」、「和妻子感情很好」，如果問的是工作，就會說「工作也很順利」。「這樣為什麼孩子會拒絕上學呢？」一聽到這個問題，大家就會說不清楚原因了。

絕對不承認夫妻感情不睦這點事實，結果一聽到「為什麼孩子會拒絕上學？」的問題之後，就會回說不清楚原因。一直堅稱一切都很順利，就是一種消極的解決方式。與其面對現實，倒不如譴責別人要來得輕鬆，所以無法正視自己的內心衝突。可是，只靠責備他人而不接受現實的話，人就會陷入焦慮。而且當現實變得更加難以忍受之後，就會陷入愈來愈難接受現實的惡性循環。

可怕的是，明明虐待孩子導致遍體鱗傷，卻硬說自己是「好爸爸、好媽媽」。就像被同事超越了，卻說「出人頭地毫無意義」一樣。

像這樣改變現實以滿足自戀的解決方式，完全就是邪教組織的手法。

大家會陪你一同否定現實，於是內心會得到救贖。你可以沉溺在集體自戀之中，大家會陪你一起說「烏鴉是白色的」、「葡萄是酸的」。

# 影響會顯現在身體上

絕對無法接受現實的人，多數都會出現所謂的體化症，將影響會顯現在身體上。有時候身體會出現發抖、異常出汗、頻尿、腹瀉、嘔吐、頭痛或腸道疾病等現象。即便你否認現實，還是瞞不過身體。

儘管如此，由於身體焦慮比內心焦慮更容易忍受，因此會否認現實焦慮藉此壓抑心理衝突。

問題在於，到最後現實焦慮會造成什麼後果？一再地合理化，不容分說否定現實之後，遇到前所未見的狀況時，應對能力肯定會變差。思考及行動都會覺得麻煩。喪失溝通能力，無法與人親近。

例如有一個大家公認「很頑固」的人。上了年紀才變得「孤獨又固執」，代表晚年生活很失敗。如果繼續過著否認現實的生活，最終將迎來孤獨又固執的人生。

儘管如此，說到這種人為何要否定現實，無非就是為了個人價值才會堅守到底。

頑固的人絕對不會向人道歉。雖然說一句「對不起」問題就會解決，但是這種人就是很難說出口。

## 不承認自己正在逃避

所謂的否認現實，說得過分一點，就是若要承認自己的過錯，寧可去死的一種心態。有人真的說完這種話就去死了。

過去在美國有一個名為天堂之門的邪教組織。他們高呼「我們要追求精神上的物質，人世間是骯髒的，人世間充滿錯誤，我們才是正確的」，後來便集體自殺了。這簡直就是用盔甲在捍衛個人價值否認現實，試圖迴避焦慮。

他們在人格上都有問題，但是他們絕對不會承認這點。與其如此寧願去死，於是選擇自殺。這就是逃避精神官能症焦慮最後的下場。迴避焦慮將伴隨極大的代價。

「可以暫時迴避焦慮。但是要實現這一點的代價是，犧牲發現新事實的可能性，並會排除新的學習機會，還會阻止因應新狀況的能力發展。」

——《焦慮的人類學》184頁

這正是獨善其身的觀念。舉凡宗教界、政治界的獨善其身等等，各種獨善其身的主張無奇不有，但是像這樣信仰極端的意識形態，大部分都是因為發展障礙的關係。

所謂的〇〇基本教義普遍都是如此。伊斯蘭主義、馬克思主義並不是不好，但是變成伊斯蘭基本教義、馬克思基本教義就要另當別論了。

在無法適應新狀況的情形下陷入獨善其身的迷思，為了這點原則堅守到底，不斷否定下去。

不承認自己的願望是自私的。

就算任性妄為還是堅稱「這不是任性」。

試圖單靠這般解釋生活下去，因此感覺自己毫無價值的情形才會倍增。

在無意識中露出失望的神情，進一步加深失望的感覺。

說出不明所以的話，逃避眼前的工作。

逃避現實，卻又不承認自己在逃避現實的人們。

如果是天堂之門，他們為外遇作出的解釋是，「我要離家去找尋真相」。如果說「外遇就要離婚」，也能開創出一條解決之道，但是他們卻找藉口說，教主一直在指引大家離家去尋找真相。

真實想法其實是「難以負起身為父母親的職責，不想再繼續下去了」，但是他們絕對不會承認這點事實。

# 錯失成長的機會

喬治・溫伯格（George Weinberg）說過一句話：「對於靈活度的最高挑戰是壓抑。」

——《The pliant animal》99頁

「頭腦頑固」，是在形容一個人長年以來的生活態度，無法如此輕易修正。在宗教界或政治界只想獨善其身的人，大家都是一樣。保守或改革、進步或反動、封建或近代化、體制或反體制，試圖單靠二分法判斷價值。單純地將一切分為正反兩面，用好壞來一分為二。

誠如前文所述，這種思考方式最可怕的地方，就是遇到狀況時會喪失應對能力。在現在這樣多變的時代，我們必須不斷因應前所未見的狀況，但是用消極的方式解決焦慮並否認現實的話，便會喪失這種能力。演變成更加堅持現有的，而無法接受其他價值觀。

即便如此期望，卻否認如此期望的真實想法。

這些人無法面對現實，也不願在社會中生活下去。

身體受傷的時候，救護車會送我們到醫院去。否認現實的人們內心傷痕累累，卻無視現實的紅綠燈開車上路，因此才會發生意外。就這樣反覆遭遇挫折。

**「由此可見，迴避焦慮的否定做法都有共同基礎，就是縮減認知與活動範圍。」**

——《焦慮的人類學》185頁

避免焦慮的否定做法會錯失成長的機會。一直否認現實的話，反而無法從現實中保護自己。

## 從「沒人邀約」變成「討厭」

第三種消極解決焦慮的方法，是「逃離會感到焦慮的地方」。進一步解釋的話，就是逃離會威脅到個人價值的處境，比起否定、否認現實來得更加強硬。

美國高中不時會舉辦舞會。這種時候，就算真的想去舞會，但是一想到去到會場可能沒人邀舞，就會感到非常焦慮。因此才會拒絕參加舞會。這時會說「我討厭舞會」加以回絕，事實卻是想逃避焦慮。

就算不去舞會，只要能夠意識到，自己是因為擔心可能沒人邀舞才會「逃避」的事實即可，可是自己卻無法意識到這點，才會說出「討厭舞會」這種話。

有的人曾經非常關心政治，想成為政治家，最後卻沒能如願。

原因就是想要成為政治家，就必須出來選舉才行。害怕選舉落選會令人焦慮，所以最後才沒有成為政治家。

逃避焦慮，就是一種消極解決焦慮的方法。

雖然當下能夠安撫焦慮，但是一直用這種方式面對焦慮的話，誠如前文所言，自己的內在力量就會逐漸減弱。

## 站在遠處玩套圈圈的人

從這層意義上來說，有人便稱這種解決方式是「退化神經質」（retrieve from the battle front），意思就是說，逃離人生的戰場。

有一個利用套圈圈遊戲所做的實驗。

套圈圈遊戲是在對面立著木棒，再朝著木棒丟圈圈看看能不能套中的遊戲。一般會畫線再站在這條線上丟出圈圈，不過實驗時並沒有畫線就開始丟圈圈。

結果發現，「有人從一定會套中的距離開始丟圈圈」、「有人站在可能會套中，也可能不會套中的位置開始丟圈圈」、「有人從絕對不可能套中的遠處開始丟圈圈」。

三種類型的人當中，那些會站在絕對會套中的位置開始丟，以及從不可能套中的遠處丟圈圈的人，就是會逃避焦慮的人。

由於是從一定會套中，或是套中的話純屬僥幸的遠處開始丟，所以顯然就是在逃避「測試個人能力」這件事。

總而言之，就是害怕面對現實。從這點來看，確實是在逃避現實。像這樣逃避現實的話，當下的確可以逃避焦慮，但是這終究並非基本的解決方式。

詳細說明容後再述，消極解決焦慮的方法隨之而來的問題，就是內在力量會不斷喪失。不僅會失去內在的力量，而且當事人也不會察覺。

奧地利的精神科醫師貝蘭．沃爾夫曾留下一句名言，**「煩惱不是昨天發生的事」**。縱使年過三十，還是將逃避現實焦慮掛在嘴邊的人，相信從小就是一直採取逃避焦慮的解決方法。所以，內在力量肯定也會持續減弱。

## 渴望生病的心願

小時候不想上學時，你是否曾經跟父母說「不想上學」，結果被父母痛罵「快去上學」的經驗？

可是如果是生病了，那就另當別論，可以請父母打電話向學校請假。只要生病了，就能逃避當下必須面對的焦慮狀況，還不必見到不想碰面的人。

這就是前述的體化症。

羅洛．梅還提出了下述看法：

**「還有一點令我十分感興趣，當人們表面上患有器質性疾病時，焦慮往往就會消失。」**

——《焦慮人類學》67頁

本來擔心自己的能力受到考驗，但是只要生病了，就能假裝沒事逃過一劫。因此真的有許多案例都會發生腹痛、偏頭痛和大腸激躁症。

有一句俗話叫作「doctor shopping」，就是意指四處求醫。

到處去醫院看診，並不是為了治療疾病，而是為了聽到醫生跟自己說「你生病了」，讓自己安心，所以才會四處求醫。因此即便沒有醫學方面的疾病，只要聽到醫生說「你生病了」這句話，焦慮就會消失。

事實上比起生病，忍受內心的焦慮才更叫人難受。只要生病了，個人價值便不會受到威脅。所以才會想聽到醫生說「你得了這種病」，藉此逃避焦慮。

## 身體上的疾病反而輕鬆

當自己的實力受到考驗時，就會讓人非常焦慮。所以會找各種藉口逃避，出現體化症這類的器質性反應，試圖藉此逃避這種心理上的焦慮。

症狀無奇不有。共同點是「並不是真的生病了」，而是「出現症狀」。

羅洛．梅針對這些症狀的目的做出下述解釋：

**「這些症狀的目的，並不是為了保護生物個體以免被壓抑的力比多（Libido）所影響，反而是為了保護個體以免受焦慮突發狀況所影響。」**

——《焦慮人類學》68頁

人生在世總會遭遇許多焦慮的場面，比方說必須參加考試、必須在會議中發表等等。

在這種情況下，我們就會讓身體生病以保護心靈。容我重申，這就是心理上覺得身體疾病遠比內心焦慮來得輕鬆。焦慮比較難受，所以這時候為了逃避這種焦慮，才會覺得生病也好。

器質性疾病會使人在意識上感到安心，覺得「個人價值不會因此受到威脅」。就像是身體上的疾病在心理上保護了當事人一樣。

換句話說，無法完成工作感到焦慮時，便藉口說是「我的胃不好所以無法完成工作」，這樣就能暫時感到安心。

「另外還有一個重點，一般認為比起情緒上或心理上的異常狀況，患有氣管方面的疾病更容易讓人接受。

這種事情可說稀鬆平常，事實上在現代文化中，焦慮及其他情緒壓力常會以身體狀況表現出來。」

——《焦慮的人類學》64頁

有些人還會因為「焦慮及其他情緒壓力」罹患胃潰瘍，甚至是癌症。許多因壓力而失眠，導致身體出狀況的人，往往都是因為睡眠不足的關係，免疫力變差後才會生病。

「倘若生物個體能夠順利逃避恐懼，便不會導致生病。如果逃避不了，被迫一直處於無法解決的衝突狀態下，恐懼就會變成焦慮，此時身心變化也許就會伴隨焦慮。」

——《焦慮的人類學》65頁

一位精通兒童心理疾病的幼稚園老師曾表示，「容易生病的孩子，家人就是他們的敵人」。因為他們無法隨時將憤怒表現出來，長久累積才會生病。

「憤怒若藉由爭執或其他直接形式表達出來，便不會導致疾病。」

——《焦慮的人類學》65－66頁

這名幼稚園老師提出解釋，所謂的「learned illness」，就是在說「讓孩子從小學會『生病就會發生這些好事』之後，孩子便會開始以弱點作為武器，所以絕對要避免」。

「生病是一種解決衝突狀態的方法。」

——《焦慮的人類學》68頁

## 新型憂鬱症並不存在

「新型憂鬱症」曾經造成一股流行。NHK甚至對此製作專題節目，媒體一度爭相報導。

但是事實上並沒有所謂的「新型憂鬱症」。那是精神科醫生在媒體報導的推波助瀾下創造出來的疾病，實際上完全不存在。

關於所謂的「新型憂鬱症」這種疾病，只要詳閱美國醫師亞倫·貝克（Aaron Temkin Beck）所著的《Depression》一書即可明瞭。在《Depression》一書中，介紹了新型憂鬱症中所有的「新型」症狀。

為何會罹患新型憂鬱症，因為只要提到「憂鬱症」，就能向公司請假。即使不知道原因，只要表示「我得了憂鬱症」，就能請假不去上班。所以才會說，出現了新型憂鬱症。

在亞倫．貝克所著的《Depression》一書中，用「localize」（腦局部產生的症狀）一詞加以說明。這也是因為比起心理異常，身體不適更容易讓人接受的關係。不管是學生不去上學，上班族向公司請假，只要說是生病了就能得到許可。結果為了公然休假，才會說是「生病」。

回到前述羅洛．梅的說法，曾提到這樣的情形．

**「這種事情可說稀鬆平常，事實上在現代文化中，焦慮及其他情緒壓力常會以身體狀況表現出來。」**

——《焦慮的人類學》64頁

但是只要無法解決內心衝突，就算是吃藥或是去看醫生，身體狀況還是會持續惡化。

心理問題的困難有別於身體的問題，只要稱之為疾病就是病。

舉例來說，發燒到三十九度時，不但當事人知道，周遭也會判斷是生病了。都已經發高燒了，就不會有人還去跑步做訓練。這種情況下，不管是當事人或旁人都知道這是生病。

但是心理疾病是看不見的，所以只要當事人說「我生病了」，就算旁人看不出來，也會當作是生病。

像這樣以身體形式呈現事實，對於理解現代社會是非常重要的一環。因為這些人明明沒有生病，卻以疾病的形式營造出「新型憂鬱症」、「悟世代」這種完全不同的事實。

## 內心還處於幼兒階段的「退化神經質」

誠如我一再重申，焦慮的原因有二大重點。其一是無意識下的敵意，另外就是無法活出自己。

如果這不是無意識下的憤怒，而是直接表達出來的憤怒，人就不會生病。

「憤怒若藉由爭執或其他形式直接表達出來，便不會導致疾病。」

——《焦慮的人類學》65－66頁

但是無法直接表達憤怒時，憤怒便會在身體上表現出來。因此總是感到焦慮的人，身體狀況一定會變差。症狀會因人而異，稱之為「退化神經質」、「長大的幼童」。雖然在身體上、社會化方面已經長大成人，內心卻停留在幼兒的狀態。

面對這些疾病，是否有「憤怒的自覺」是非常重要的關鍵。身體生病了自己會知道，但是心理生病了卻無法察覺。

之所以重要，就是因為這點將促使你在最後選擇消極抑或積極解決。

選擇消極解決的話，自己並不會察覺或意識到憤怒。習慣對孩子拳腳相向，並總會以「管教」為藉口的人，不會意識到憤怒。

換言之，希望每一個人都能正視焦慮，好好理解無意識的恐怖之處。也請大家明白，潛藏在一個人無意識的事物非常可怕，時常對人們造成影響。

## 多數案例都是從焦慮轉為成癮行為

第四種方法是「成癮行為」。這種成癮行為，就是類似酒精成癮。酒精成癮的人也是一樣，並不是愛喝酒才會對酒精成癮。而是在公司和家裡發生了許多不開心的事，於是找藉口說「不喝酒撐不下去」，才會開始酗酒。

不只有酒會導致成癮行為，也有像大家口中的工作狂，出現工作成癮的情形。假設有一個人的夫妻關係正面臨危機。原本只要正視這個問題，就會有所成長，但他卻沒有面對，而是以工作忙碌為藉口拒絕面對問題，用工作來逃避。結果就會變成工作成癮。

成癮患者都有一個共同點，當他們感到焦慮時，並無法完全意識到這種焦慮。夫妻感情不睦時，為了逃避這種焦慮，於是演變成工作或是賭博等成癮行為。

我們所處的現代社會，可說是認同成癮行為的成癮社會。

日本常出現「成癮行為」一詞。這點更加清楚顯示出現代就是個成癮社會。大家應該常聽到「酒精成癮」一詞，其實成癮行為不僅這些，還有類似「糖成癮」、「完全成癮」、「人際關係成癮」。

當然酒是合法商品，所以喝酒也不太會受到譴責。對於酒精的成癮行為，日本社會有其寬鬆的一面。可是因為焦慮而過度飲酒的話，就會變成酒精成癮。

誠如前文所述，也有工作成癮的人。依照過去的說法是行事曆筆記本，現在的說法則是電腦行事曆，這種人如果沒有將行程安排得密密麻麻，就不會感到安心。

為了安撫焦慮，於是忘我地工作。藉由社交活動來掩飾孤獨。因為害怕孤獨所以才會參與社交活動，藉以深信自己備受歡迎、受人喜愛。

但這只是一種幻想，所以不管行程安排得多緊湊，還是會對某些地方吹毛求疵，心中總是悶悶不樂。

這種人對身邊的人會感到莫名的不滿及憤怒，就是因為他們心裡無法與任何人情感交流的關係。

所以看似善於交際的人，事實上也會出現社交恐懼症。

誠如方才提過的舞會例子，有人會為了逃避焦慮而藉口說「我討厭舞會」，反之也有人會為了忘記一切，而積極地參加派對舞會。

## 現代是一個成癮社會

到目前為止，關於消極解決焦慮的方法，已經為大家介紹了四種方法，並詳細說明。選擇消極解決焦慮的方法，會衍生出限縮認知與活動範圍的問題。生活就該不斷拓展這些領域，如果一直採取消極的解決方式，便無法做到上述這一點。

如同卡倫・荷妮所言：「**消極的解決方式將促使內在力量受到破壞**」。這還不是消極解決的可怕之處，而是當事人並不會察覺到自己的內在已經崩壞。因為這些人經常處於防衛狀態下，所以即便自己的內在逐漸崩壞，也不會有所察覺。

雖然透過消極的解決方式，會暫時解決當下的問題，忘記眼前的焦慮，但是內在力量卻會消失。

我認為最令我害怕的結果是，前文提過的「溝通能力遭到破壞」。羅洛・梅的說法則是「**喪失想像力**」。

選擇消極解決焦慮的方法，人生將會逐漸走投無路，到最後有些人甚至會被逼到閉門不出。

一個人會在歷經依賴與獨立的衝突之後一步步成長，卻會失去獨立性。當事人雖然試圖防範自我價值的崩壞，不幸的是這麼做卻完全無法發揮作用。

經常有人說，「我都已經這麼努力了」，但是這些努力的前提是你已經喪失社會溝通能力的話，最終還是徒勞無功。最終只會導致自己感到深深的失望。

第七章

# 想要克服必須「積極解決」

●●●●●●●

# 釐清焦慮的原因

一個人如能積極解決，成功運用焦慮的警示，就能健全成長，與他人建立新的關係。但是反過來無法成功運用的話，與他人之間的新關係就會變成依賴。

首先簡單說明一下，積極解決焦慮的方法相關研究。關鍵在於為什麼自己總是會感到焦慮，必須釐清焦慮的原因。

「愈能正視自己的內心衝突，並試圖找出解決方法，愈能得到內在的自由與力量。」

——《Our Inner Conflicts》，Karen Horney，W.W. NORTON & COMPANY，1945，27頁

無論多麼微不足道的小事，只要能憑一己之力加以克服，就能培養出自信。這是

一大前提。

## 戰勝焦慮的人都有這種心理

積極解決焦慮的其中一種方法，就是「致力於信奉的價值觀」。如果你有自己信奉的價值觀，當你在面對焦慮時，就能逐步克服這種焦慮。

有一項針對第二次世界大戰作戰士兵的研究。看過這項研究，就會明白戰場上的士兵被迫承受的強烈焦慮，遠超出我們在日常生活中感受到的焦慮。

但是有一點值得留意，事實上，在被迫承受如此強烈焦慮的情形下，有的人可以戰勝這種焦慮，有人卻做不到。

話說回來，這二種人有何差異呢？參閱各項調查結果後發現，能戰勝「恐懼」、「焦慮」的人，通常都有明確的目標。

在戰場上會面臨生死關頭。人類的心理對於這種危險時刻感到恐懼乃天經地義之事。

想要戰勝這種心理最重要的一點，就是堅持某種信念，譬如「自己是在守護祖國」、「保護自己的家人」、「自己是為和平而戰」，或是「自己是在保護國家主權」等等。並非被他人強迫，而是秉持著自己堅信的目標時，就不會在戰鬥中感到畏懼。

想要戰勝焦慮，還有一大重點，除了秉持目標之外，還要妥善維持社會關係。舉例來說，像是「守護國內的家人」、「保護自己生活的地方」等等，這種社會關係必須好好維持。

社會孤立，換言之就是沒有情感交流的對象、沒有自己願意付出生命守護的故鄉時，對一個人來說，在戰場這種極端情況下想必很難克服焦慮。

羅洛・梅對於阿德勒的評價如下所述：

「人唯有意識到隸屬於人類團體，才能無憂無慮地度過一生。」

——《焦慮的人類學》108頁

阿德勒將佛洛伊德忽略掉的社會參與強調出來，而羅洛·梅十分讚賞這一點。

「因此阿德勒主張，只有維持並拓展社會關係，才能有建設性地克服自卑感。」

——《焦慮的人類學》106頁

## 為了讓內心平靜下來

有一句話說，「女子本弱，為母則剛」。雖說「女子本弱」，但是女人只要有了情人，就會為了她的情人付出一切，變得很堅強。「為母則剛」這句話所說的，當然也是因為有了孩子才會堅強。

換句話說，就像一個人為了孩子、情人一樣，當你真的有了想要守護的事物或是必須保護的對象、目標時，就會勇於對抗焦慮。相反地，如果沒有守護的對象，就會受不了焦慮的痛苦。

雖然在這種社會關係的條件及背景下理當如此，但前提是你要喜歡上這個對象。一個人有了喜歡的對象，才會擁有承受焦慮的力量。

西伯里應屬拯救過最多心理疾病患者的美國心理學家。他曾說過，**「為了讓內心平靜下來，必須找到喜愛的事物」**。

話雖如此，找到喜愛的事物並非容易之事，坦白說困難重重。尤其是前文曾經提過，這輩子一直活在別人眼光底下的人，並不知道自己喜歡什麼，而無法擺脫焦慮。

「自己要有相信的目標，而不是做給別人看」、「自己要有信念，不需要他人對你的期待」，還有「默默為你相信的事努力付出」，這麼做就是在積極解決焦慮。

# 林肯說的「一定要再次得到幸福」

「致力於信奉的價值觀」，這句話時常讓我想起前美國總統林肯。林肯是在一八六一年當上總統，解放奴隸的人。然而據說有段時期林肯竟罹患了重度憂鬱症。他年輕的時候，朋友擔心「在他身邊放有刀具會十分危險，因為他可能會自殺」，甚至還將刀具完全清空。

話說林肯為什麼能夠解放奴隸，原因還是為了實現他信奉的價值觀。他堅信自己必須解放奴隸。因此他在最為艱困的南北戰爭時期也從未絕望，總是設法找機會實現他的目標。

林肯曾經留下這樣的一封信。

「母親去世後，我已經沒有活下去的力量」，有一個少女寄給他這封信，後來他在回信中寫道：**「妳一定要再次得到幸福。」**

一般罹患憂鬱症後言辭都會十分消極，但是他卻說：「妳一定要再次得到幸福。」

這就是相信的力量。而且最後他還說，「**有決心的人，就會得到幸福**」。他的意思是說，一個人只要有自己的期許、自己的決定與決心，就會得到幸福（《*The Power of Optimism*》，57頁）。

年輕時，曾害朋友一直擔心「在他身邊放有刀具會十分危險」、「他可能會自殺」的林肯，在三十二歲時甚至還寫下了「**我是最悲慘的生物**」這句話（《*The Power of Optimism*》，57頁）。

不過當他到了五十四歲的時候，卻說「**大多數的人只要下定決心得到幸福，就會得到幸福**」。

讀完這些軼事，我十分相信想要得到幸福最重要的一件事，就是下定決心「不管別人說什麼，我都要做自己」。

像這樣「致力於信奉的價值觀」，甚至可以治好憂鬱症。本書雖不涉及憂鬱症的詳細說明，但還是希望大家明白「相信的力量」十分驚人。

## 在美國獨立戰爭中奮戰的士兵

前文提到士兵在戰場上的心理狀態，在如此危險的環境中，會感到恐懼與不會感到恐懼人有何差異，這件事一直令我十分好奇，所以我曾經調查過美國獨立戰爭的歷史。

美國的獨立戰爭，始於美國殖民地軍隊隔著北橋（麻薩諸塞州）與英國軍隊展開對峙。

美國殖民地軍隊的士兵在北橋集結之後，當時一位名叫艾薩克．戴維斯的上尉，從阿肯頓帶著一群人晚一步才加入軍隊。

據說當時戴維斯上尉的說法是，「我不害怕去打仗，我的戰友也沒有人害怕去打仗」。他口口聲聲表示，「來到這裡並肩作戰的男人，都不是害怕去打仗的男人。大家都很樂意守衛家園」。

我十分懷疑，真的有人上戰場不會感到害怕嗎？這群男人從阿肯頓一路走到北橋，身在槍林彈雨的北橋說自己「不怕上戰場」。此時他們是怎樣的心情呢？

於是我試著在同一個季節（二月下雪時期），實際花了一個月的時間，每天從阿肯頓一路走到北橋。

戴維斯上尉率領的士兵，都知道「接下來要上戰場了」，也十分清楚「死亡的可能性極高」。但是他們並不害怕上戰場，當他們走在這條路上的時候，他們對於自由價值的信仰，究竟如何影響他們呢？如果是為了自由，為什麼會衍生出死也無妨的信念呢？他們就是秉持著這種想法，每天從阿肯頓走到了北橋。

那時候我的感覺是，他們當下對於「自由」、「獨立」、「信奉的價值觀」的信念肯定十分強烈。使我深深體認到，「到最後拯救一個人的，還是他的信念」。

# 甘地說的「自重」

印度獨立之父甘地，生在一個中產階級的家庭。傳聞他小時候是個非常害羞的孩子，個性懦弱，還經常遭人霸凌、被人丟石頭。

這麼害羞的孩子，就像患有憂鬱症的林肯一樣，在人格重塑之後，甚至成為了印度獨立之父。

「『曾經害羞又怕事』的甘地會變成偉大的建國之父，也是因為他的決心。」

——《*Character Is Destiny*》，John McCain，Mark Salter，Random House Publishing Group，2005，10頁

「甘地小時候是個害羞的孩子，甚至還說過『我只是一個能力不及平均水準的人』。但是他說『智能發展有其極限，心智發展卻沒有極限』，所以他才能成就偉大事業。」

——《*Creating Minds*》，Howard Gardner，Basic Books，1993，313頁

甘地之所以會成為偉大的建國之父，是因為他致力於印度教的宗教信仰。秉持著明確的目標，就會形成強大的力量。

「甘地用什麼取代了虛榮心？就是對自尊的堅定信念。」

——《*Character Is Destiny*》，12頁

甘地用自尊取代了虛榮心，同樣也用尊重所有人的敬意取代了虛榮心。先自重，再尊重每一條生命，取代了害羞又怕事的影響力。

虛榮心的反面是自尊的感覺、自重的心理。一個人無法自我尊重，虛榮心才會增強。為什麼會變成這樣，就是因為找不到生活的目標。

虛榮心並不是想捨棄就能捨棄。所以與其捨棄虛榮心，更應該去尋找能夠信奉的價值觀。

你可以像甘地一樣信仰印度教，也可以信仰佛教、基督教，當然除了宗教以外的信仰也無妨。尋找自己能夠相信的人事物，以此為起點就能拋開虛榮心。

為什麼虛榮心是一大問題，因其會造成壓力，破壞我們內在的力量。虛榮心強的人還可能患上失眠、憂鬱症或自律神經失調。總之虛榮心會讓人生過得很痛苦。

阿德勒還有貝蘭・沃爾夫提到的神經質，就是起因於虛榮心。神經質的人誤解了生活的目標。用錯誤的方法濫用自己的生命力。

我們應該向甘地學習的地方，就是了解沉睡在我們體內的偉大力量。沉睡在心中的潛能，正在等待機會充分發揮。

「威廉・詹姆斯主張，每一個人都只有將極小部分的可能性發揮出來。唯有身在具建設性的壓力，或是某種狀態下——轟轟烈烈的戀愛、宗教的熱忱、奮戰的勇氣——我們才會察覺到充滿深度的豐富創造力。並且開始因沉睡在體內的大量生命力而奮起。」

「無心會貶低自我形象，限縮選擇，造成自以為是的想法。如此一來，我們會枉費自己的可能性。」

——《揮別心靈『枷鎖』的心理學》，艾倫・蘭格著，加藤諦三譯，PHP研究所，97頁

哈佛大學的艾倫・蘭格（Ellen Langer）教授曾經提過一個現象，「發育遲緩的可能性」（Stunted Potential）。某些東西會剝奪成長所需的內在力量。容我重申，這些東西就是虛榮心、報復心、自我執著。而且關鍵並非獨立，而是依賴。

## 開拓人生的最佳手段

每次提到林肯或甘地等人的姓名時，大家也許曾覺得這些都是特別的人物，其實並非如此。

舉例來說，有一個人雖然眼睛看不見，人生遭遇過許多困難，但他卻能克服種種難關得到幸福。有一次我上完課後，這個人給我了一封信。信中寫道，「我的心現在充滿歡喜」，「正因為眼睛看不見，才能明白一些事情」，信裡還寫了這段話。這個人熱愛數學，他會在早上五點起床研讀數學，後來進入一家公司成為上班族。

這個人致力於信奉的價值觀，與甘地如出一轍。包括你身旁的那個人，還有甘地和林肯，大家對於信奉的價值觀，都擁有一樣的奉獻精神。

反之，沒有信奉的價值觀，或是價值觀扭曲，確實是一種不幸。這就等同於心裡有一道巨大的創傷。

「做自己」，就是克服焦慮的最佳手段。因此，最重要的就是找到自己信奉的價值觀。

## 誠實就是不要否認現實

積極克服焦慮的第二個方法，就是「拓展意識」。在消極解決焦慮的章節裡，提到了否認現實的話題，而意識的拓展，與否認現實構成表裡關係。

不要否認現實，而要拓展對自己的意識。進一步而言，將自己無意識的力量意識化，就是在拓展意識。

無意識的意識化，是不幸之人想要得到幸福的必要條件。只要你一直無意識遭遇各種困難，卻無視這些問題，你就不可能得到幸福。

誠實一詞經常被人當作是優點。話說誠實該如何解釋呢？其實就是不要否認現實。

不誠實的人，並不認同自己難以承受的情緒。

焦慮這種情緒會在無意識中受到排斥。

在無意識下覺得自己是不值得被愛的人。

但是他們並不會承認這種情形，於是會虛張聲勢，否認現實。渴望這樣的同伴。

不誠實的人，不會承認他們真正想得到的東西。明明想要結婚，卻覺得好像結不成婚，所以才說「對結婚不感興趣」。

由於這樣的心態，導致無法與別人情感交流，也無法了解自己的內心，讓人變得不誠實。

而且這種扭曲的心態，會隨著年紀增長從表情顯露出來。比方說，當你做事不認真，沒有用積極的態度處理事情時，輕浮的舉止與心態就會顯露於表情。

當自己沒有達到某人期待或受人認同的時候，誠實說明的人就會成長，否認現實的人則會扭曲事實顛倒黑白，無法接受真正的事實。因為他們無法接受自己沒有達到期望、無法被人認同。

是因為誠實才能得到幸福，還是因為幸福才能變得誠實，有些部分實在無法一概而論。然而無庸置疑的是，誠實的人這輩子容易形成良性循環。如果針對人生的課題追根究柢，不是會否認現實，就是能接受現實的自己並自我實現。口口聲聲寧死也不願接受現實，於是踏上絕路的人並不在少數。

但是不接受現實，就不可能自我實現。「不喜歡面對現實，卻想解決煩惱」，這點實在是做不到。如果你有這種想法，人生肯定會走投無路。

# 你會面對現實嗎？

前文提過，透過消極解決焦慮的方法會讓事情合理化。縱使透過合理化可以逃避當下的焦慮，最後內心還是會愈來愈脆弱。而且前文也提到，當事人根本不知道自己變得多脆弱。

不過坦白說，有一個方法可以讓我們察覺，在合理化的影響下我們變得更脆弱。在合理化的背後，潛藏著無意識的力量。誠如前文所述，事實上有很多情緒化的人在痛打自己的孩子時，總以管教為藉口。察覺到這種無意識的力量、潛藏的力量，就是一種積極解決焦慮的做法。

事實上，很多人都會在無意識間拒絕成熟。無論在意識清楚下如何表達，往往在無意識中渴望著不幸，就像佛洛伊德所形容的，「**我們總是喜歡吃苦**」。無意識與意識就是像這樣充滿矛盾互相衝突，所以我們才會愈來愈焦慮。

因此會感到焦慮的人，必須明確釐清自己現在發生了哪些問題。這樣才是積極解決焦慮的做法。

這是一個有思覺失調症的女兒，與她母親的故事。這名母親不僅不覺得自己不幸，也不覺得女兒不幸，所以堅決主張「全家人都很幸福」。

她固執己見地頑強表示「全家人都很幸福」，一再聲稱「我很幸福」。即便女兒患有思覺失調症的事實擺在眼前，她還是一直堅稱「全家人都很幸福」。

因為她很難接受這樣的現實。

「值得注意的是，夫人不僅否認自己不幸，也不覺得瓊很悲慘。」

——《Sanity, Madness and the Family》，隆納．大衛．連恩、亞倫．伊斯特森著，笠原嘉、辻和子譯，Misuzu Shobo.，189頁

如此否認現實，將導致事態進一步惡化。反過來說，誠如阿德勒所言，「**痛苦會帶來救贖使人解脫**」，應該面對現實才有助於解決問題。

「若要承認事實寧可去死」這句話，與「痛苦會帶來救贖使人解脫」這句話，意思完全相反。不過，也有人試圖仰賴自以為是的邏輯。

## 「追問為什麼」就是幸運之門

舉例來說，有些男人會在失戀後詆毀甩了自己的前女友。但是在無意識中卻依舊深愛著甩了自己的對方。結交新女友後，無論他怎麼跟女友說「沒有人像妳這麼好」，卻不代表喜歡對方。大家應該可以理解，這樣子絕對不會得到幸福。

當然失戀是很痛苦的經驗。這種經驗雖然悲傷，卻可說是一個人在成長路上的一段過程。能有這番領悟，並積極解決焦慮的人，就會思考「為什麼這場戀愛會失敗」。換句話說，在拓展意識時，一定要思考一個問題：「為什麼？」希望大家要記住，幸運之門會在「為什麼？」這個問題之後出現。

為什麼最後會和那個人分手？

為什麼自己現在這麼痛苦？

為什麼自己如此不開心？

為什麼自己這般憂鬱？

為什麼自己的依賴心如此強烈？

認真思考「為什麼」這個問題，並且察覺到自己的無意識狀態，才有助於解決真正的焦慮。到最後，你就會培養出面對自己的能力。

有一個人說過一句話，「我花了三十年才敢承認自己棒球打不好」。他花了三十年在拓展意識。大家眼中棒球打不好的人，會願意承認自己棒球打不好，應該是因為他們覺得不會失去尊嚴，才敢承認這一點。無論棒球打得多差，敢說「自己棒球打不好」，樂於和大家一起加油、撿球，度過快樂時光的人，不但會接受自己，也會真誠地認同別人。

逐一承認自己的缺點，就會一步步成長。這種人對自己的人生有信心，充滿自信。而且只有這種人，才能享受人生的各種樂趣。

## 焦慮時就是人生的分岔路

無論你覺得自己再有理，當你被周遭人孤立時，最好要思考一下，「自己可能在無意識間遇到問題」。

每個人在一生中，都會不斷遭遇許多問題。當你面對這些問題，設法解決之後，就會發現生命的意義。生活就是在解決問題。

現今的日本，家庭暴力、拒絕上學、閉門不出、職權騷擾的情形愈來愈常見。就像校園霸凌不會消失，一再引發問題也是因為這個原因。

雖然當了父母，卻無法勝任父母的角色，開始虐待孩子的人，並不是他們想要虐待孩子。當事人自己也很清楚不應該虐待孩子。但是曾經虐待過孩子的父母，就算當下反省過，卻還是會再次重蹈覆轍。

現代人都為了生活忙得不可開交，維持生活已經超出了自己的能力。無法保障個人在共同體當中的生活，導致社會上出現許許多多的亂象。

但是正因為如此，才希望大家要懂得「焦慮時就是人生的分岔路」。因為在現代的消費社會、競爭社會下，你正站在完全崩潰，或是成為真正的強者，順利走完人生旅程的分岔路上。生活就是在解決問題。

## 面對焦慮的應對方式將左右你的人生

從這層意義來說，如果能意識到「自己是一個精神官能症傾向明顯的人」，或許可以想成「自己還有非常大的可能性，人生才正要開始」。

誠如前文所述，所謂精神官能症焦慮，就是這個人的人格出現問題，焦慮則是在警告這種現象。對於這種焦慮能夠積極應對，或是採取消極的處置方式，人生將因此發生巨大變化。所以因應焦慮的做法，將左右你的人生。

一個人在精神官能症焦慮的影響下，總是會不斷地擔心各種事情，但是問題不只有每一件令人煩心的事情，主要起因於人際關係。當人際關係出現某些問題，這些問題就會立刻成為煩惱的源頭。

所以，當生活變得痛苦難受時，首先要重新檢視自己的人際關係。心浮氣躁的時候，試著想想看：「為什麼會如此情緒焦躁？」

比方說孩子拒絕上學時，你要想一想：「自己與孩子在相處上發生了什麼問題？」只要能察覺到自己的意識，就能洞察機先，發現內在因素。西伯里說過，「**發現內在因素，就是積極解決焦慮的做法**」。

我們每一個人都很努力，但是當中卻有一些人會在途中油盡燈枯。

為什麼會變成這樣，就是因為「排他性」（exclusively），也就是一直在努力排除異己的關係。不幸地是，很多人常常搞錯了努力的方向。

請不要努力逃避（消極解決焦慮），而要努力面對（積極解決焦慮）。你必須努力面對，人生才會有幸福的結局。無論你如何努力逃避，都不會有幸福的結局。

也有人會說出放棄人生這種話，但是最重要的是回溯過往，想想「為什麼會瞧不起自己，認為自己一文不值？」「到底是怎樣的人際關係，才會導致這種情形？」重新教育自己。

追根究柢發現是「自己在逼自己」、「錯誤的價值觀」，這就是一種人格重塑。

「我的人生很失敗、我害怕活著、我找不到生活的意義」，接受這些現實非常痛苦。

但是誠如阿德勒的說法，唯有接受現實，痛苦才會打開一扇門，帶來救贖使人解脫。「接受」的過程，就是羅洛．梅所說的「**拓展意識**」，才能像卡倫．荷妮說的一樣，得到「**內在的自由與力量**」。

雖然你放棄了人生，但是人生並沒有放棄你。

# 結語

# 洞察真理有助於我們擺脫痛苦

現在日本最嚴重的問題之一，就是閉門不出。

例如三十歲、四十歲、五十歲這種原本應該活躍於職場上的人卻閉門不出，自己無所事事，靠著年邁雙親的年金過日子。或是高齡的父母拼命工作，自己卻終日閒蕩，一直在當啃老族。

有些人對這個世界或是每一個人都懷有莫名的敵意，總是隱約感到不滿。這種沒來由感到焦慮的人，通常都有一些自己沒有意識到的問題。

但是就算他們有察覺到這些問題，他們還是不願意接受事實。無視內心衝突才會使他們感到焦慮，這種焦慮往往會形成獨立自主的障礙。

「幸福的人，會試圖拓展自己的人生版圖並面對現實。」

——《How To Be Happy Though Human》，沃爾特・貝蘭・沃爾夫著，周鄉博譯，岩波新書，9頁

那位眼睛看不見的讀者，不斷與自己的內心衝突奮戰不懈。

當初他上大學後走進身心障礙者資源中心的辦公室，才得以擺脫焦慮。並且交到朋友，在別人幫助下才使自己的世界擴展開來。

能夠克服焦慮當作一種人生經驗的人，都是獨一無二的。他們冷靜又自信，性情沉穩，且內心充滿喜悅。一個人能夠忍受焦慮，代表他獨一無二。手提流行的名牌包包，稱不上獨一無二。

洞察真理的痛苦，將使人解脫帶來救贖。

譬如「那些人根本不是我的親友」、「母親並不是好人」，要接受這些事實是很痛苦的事。

但是能夠接受這些事實的話，就可以接受自己，明白「一個人如果生長在不幸福的環境下，就會自我異化，所以時至今日會自我異化也是在所難免」。你會在某個階段察覺真相。其實你只要承認無法活出自己，自己做錯了就行了。

接受這個事實的時機點非常重要。

雖然接受真正的事實是件很痛苦的事，但是不要讓自己逃避眼前的負面情緒，才會帶來解脫與救贖。負面情緒，正是自己成長的機會。讓你能夠理解「自己就是這樣的人」，然後才能開始朝著正確的方向前進。

經由這樣的過程，意志才會開始拯救一個人。

誠如羅洛・梅所言，意志有時會做出自我毀滅的行為。但是只要能正確運用自己產生的負面情緒，意志就不會毀滅自我。

意志會拯救一個人。如果將它合理化，否認現實，加以壓抑的話，人這一生便難以發揮所長。所以才無法得到幸福。

# 並非努力付出就會一切圓滿

為什麼人每天都有煩惱？
為什麼人每天都將「好想死」掛在嘴邊？
為什麼一聽到「想死就去死」這句話就會勃然大怒、心情沮喪？

焦慮的人口中這句「好想死」應該不是騙人的，但是不想死的心情也不是在說謊。這種人，其實是在抗拒自己內在的變化。

心事重重的人，一路走來並非努力付出就會一切圓滿。也有一種視野狹隘的「努力付出」。自己的努力，並不一定是對方所期望的。因為自己並沒有在相處的過程中，考慮到對方的想法。

如今中高年人的自殺事件與日俱增。許多自殺者並不是做事懶散的人，很可能過去一直都是埋頭苦幹的人。一路打拼過來，卻一直無法和同事、上司、下屬順利溝通。

「都已經很努力在工作了，為什麼人際關係還是不太好？」「為什麼連工作也不順利？」

那是因為即便你想停止只會帶來不幸的努力，卻無法停止。因為你執著於眼前的狀態，卻又叨念著「我想得到幸福」。

這種人會強迫自己去做不適合自己的工作、討厭的事情，害自己精疲力盡油盡燈枯。過度努力的結果，甚至有人會從此萎靡不振。

## 站在幸福的出發點上

每個人都想要得到幸福。不會對那樣的心情說謊。

但是變得不幸的吸引力，卻比想要得到幸福的心願更加強烈。

當你不了解存在意識與無意識之間的衝突、矛盾，一再強調自己想要得到幸福，你還是無法得到幸福。

如果你能理解這點，就達到了這本書的目的。

誠如我多次重申，焦慮就是在提醒你，自己的生活方式有某些地方出問題了。

當你能夠了解自己過去一言一行的真正原因，你一定會活得更輕鬆。

壓抑充滿敵意的情緒，同時飽受莫名焦慮所苦的人，在這種狀態下付出努力或修行鍛鍊是很危險的一件事。有時甚至會造成性格扭曲。

與其如此，倒不如先釐清「自己為什麼會焦慮」，這是筆者我最想要強調的重點。

「精神官能症焦慮患者，就是在警告其人格出現某些問題，可以做出有建設性的處理方式（精神官能症焦慮也同樣表示在人際關係上發生某些問題）。」

——《焦慮的人類學》186頁

「擔心某件事的時候，常常會有一個自己不斷在逃避的主要事實。相信那個主要事實會不斷出現在你面前，要求你自我改革。」

——《擺脫內心煩惱》200頁

每次在思考積極解決焦慮的方法時，應該就能充分理解西伯里的這句話。

焦慮的人，並不知道什麼事在折磨自己。

Herbert N. Cassonk 寫過《掌握幸運的十三個絕竅》（*Thirteen Tips on Luck*, B. C. Forbes Publishing Co, 1929）這本書。

在這本書中提到，掌握幸運的絕竅就是「想想為什麼」。藉由「為什麼？」這個問題正視內心衝突，才能得到內在的力量。

誠如本文中多次提到的重點，焦慮是每一個人的根本問題，並不是這個時代暫時性的現象。

焦慮應該會日益成為今後人類的基本問題，而本書就是在直接探討其方法，慶幸由永田貴之先生、崛井紀公子先生悉心編輯，我想藉此版面表達感謝之意。

二〇二一年十二月

加藤諦三

## 加藤諦三（KATO TAIZO）

一九三八年出生於東京。曾攻讀東京大學教養學系教養學科，東京大學研究所社會學研究科碩士課程修畢。一九七三年以後，數度擔任哈佛大學研究員一職。現任早稻田大學名譽教授、哈佛大學賴肖爾日本研究所客座研究員、日本精神衛生學會顧問，並於日本全國廣播網（Nippon Broadcasting System）長青節目「電話人生諮詢」擔任主持人長達半世紀之久。

著有《為什麼我們愛得這麼累》（寶瓶文化）、《人生的悲劇從當個「乖孩子」開始》（遠流出版）、《どんなことからも立ち直れる人》、《メンヘラの精神構造》、《心の免疫力》（ＰＨＰ新書出版）等多本著作，以亞洲為主的譯作約有一百本。

〈作者簡介〉


## 加藤諦三

一九三八年出生於東京。曾攻讀東京大學教養學系教養學科，東京大學研究所社會學研究科碩士課程修畢。一九七三年以後，數度擔任哈佛大學研究員一職。現任早稻田大學名譽教授、哈佛大學賴肖爾日本研究所客座研究員、日本精神衛生學會顧問，並於日本全國廣播網（Nippon Broadcasting System）長青節目「電話人生諮詢」擔任主持人長達半世紀之久。

著有《為什麼我們愛得這麼累》（寶瓶文化）、《人生的悲劇從當個「乖孩子」開始》（遠流出版）、《どんなことからも立ち直れる人》、《メンヘラの精神構造》、《心の免疫力》（PHP新書）等多本著作，以亞洲為主的譯作約有100本。




# 焦慮斷捨離

## 唯有面對焦慮，才能得到幸福


出　　版／楓葉社文化事業有限公司
地　　址／新北市板橋區信義路163巷3號10樓
郵 政 劃 撥／19907596　楓書坊文化出版社
網　　址／www.maplebook.com.tw
電　　話／02-2957-6096
傳　　真／02-2957-6435
作　　者／加藤諦三
翻　　譯／蔡麗蓉
責 任 編 輯／周佳薇
校　　對／周季瑩
港 澳 經 銷／泛華發行代理有限公司
定　　價／380元
初 版 日 期／2023年12月

國家圖書館出版品預行編目資料

焦慮斷捨離：唯有面對焦慮，才能得到幸福／加藤諦三作；蔡麗蓉譯. -- 初版. -- 新北市：楓葉社文化事業有限公司, 2023.12
面；　公分

ISBN 978-986-370-625-0（平裝）

1. 焦慮　2. 焦慮症　3. 情緒管理

176.527　　　112017857